現代をお大師さまとともに生きる

恵観の「新空海伝」

池口恵観

KKロングセラーズ

目次

一 宝ものとして育てられた幼少期

四　お大師さまの祈りで護られた平安初期の世

五　言語の天才・空海

六 受け継いだ密教の正統

七 心の故郷「高野山」

八　大日如来を中心に置く曼荼羅図

九　聖地としての祈りを高める

十　お大師さまが残された奇蹟の数々

十一 入定

十二 もう一つの拠点、京都の東寺

一

宝ものとして育てられた幼少期

瀬戸内海を望む讃岐の国に誕生

平成二十七年は、弘法大師空海、お大師さまが高野山を開いてから千二百年という節目の年に当たります。高野山真言宗では、御開創の記念忌を行うために、全宗挙げて準備に邁進しています。

お大師さまは、「日本の巨人」であります。真言宗の開祖というだけでなく、留学した唐から当時の世界最新の科学文化を持ち帰り、これを日本に根付かせました。土木建築、鉱学から、いろは・五十音、詩歌、書などなど、今に至るまで日本文化の土台を成しているものの多くが、お大師さまによって移入されました。

日本史上に、朝廷から大師号（諡号《しごう》）を賜った高僧が二十四人います。密号を遍照金剛《へんじょうこんごう》とする空海は、延喜二十一（九二一）年に、醍醐天皇から「弘法大師」の諡号を賜りました。

「大師は弘法にとられ……」ともうたわれてきましたが、弘法大師はいまにいたるまで、日本中から人々の信仰をあつめ、敬慕の念と親しみを込めて「お大師さん」「お大師さま」と尊称されています。

お大師さまのご生涯は、ご自身が書き残した『御遺告《ごゆいごう》』でたどることができます。また、弟子の真済《しんぜい》による『空海僧都伝《くうかいそうずでん》』は簡潔にして、エッセンスを凝縮してその足跡を伝えています。

いま、私はそれらをひもときながら、現代の風景に重ねて、お大師さまが歩まれた道をたどりたいと筆をとりました。

空海という御名の通り、その道はあまりに広大で深く、どこまで辿れますやらという思いではありますが、「短きつるべの水を汲」んで、井戸が枯れたと思ったり、「指の潮を測る」ことで海の底に届いたと考えたりしてはいけないという、お大師さまの教えを戒めとしながら、奥深いご生涯の一端に足を踏み入れて、皆様とともにお大師さまに触れたいと願っています。

いまは昔、瀬戸内海を望む讃岐の国多度郡《たどのこおり》、屏風ケ浦《びょうぶがうら》という景勝の地に、一人の男子が誕生しました。讃岐平野の西端ののどかな田園地帯にある館にあがった産声の主が、のちのお大師さまであります。西暦七七四年、いまから千二百四十一年前の六月十五日のことでありました。

生誕の地は、現在の善通寺市に在る善通寺の境内と伝えられます。

善通寺は、お大師さまが建立されたと伝えられます。この地はお父さまの佐伯田公《さえきのたぎみ》から寄進を受けたもの、善通という寺の名はお父さまの法名であります。

また、近くにはもう一つ、生誕の地と伝えられる寺があります。あるいは、昔の風習による「産屋《うぶや》」が建てられた場所かもしれません。

穏やかな海と空が広がる浜辺が、お大師さまの生まれ育った風土でありました。「空海」という諱《いみな》そのものであります。諱とは、生前の実名のことで、お大師さまの僧名であります。

その風景を思い浮かべるとき、私はいつも我が故郷の浜辺が重なります。

私は、鹿児島県の大隅半島、東串良という海辺の寺に生まれました。ここに広がる柏原海岸は、白砂青松が続く、全国有数の景勝地であります。現在は、石油備蓄基地が出来て、昔の広がりが狭まりましたが、それでも深い松林が続く砂浜は、心を天空に届けるほどに大きく広げてくれます。

佐伯氏は、讃岐の豪族で「直《あたえ》」という、現在の知事のような役職にありました。お父様の名は田公です。

お大師さまが誕生した地は、もともとお母様の玉依御前《たまよりごぜん》がおられた地ともいわれます。玉依御前は、阿刀氏《あとうじ》の出身で、叔父の大足《おおたり》は、宮中で皇太子の家庭教師を務める学識高い人物でありました。阿刀氏は讃岐の出身ではないようです。

　一説には、阿刀氏は河内摂津に居住した一族だともいわれますが、お大師さまの生家、佐伯氏とは婚姻が重なる濃い結びつきがありました。阿刀大足は田公の実弟で、その妻は玉依御前の妹、兄弟姉妹同士の夫婦であったのでした。あるいは、佐伯氏の広大な敷地のなかに、阿刀氏が暮らしていたのかもしれません。阿刀氏は中央官界に人材を送る格式ある学問の家でありました。

「この子は前世で仏弟子だったに違いない」

　佐伯氏はまた、瀬戸内の交易にたずさわっていたのでしょうか、裕福な家でありました。中央にも拠点を持っていたほどの経済力があったという説もあります。

　お大師さまは、富と権力・財力・知力に恵まれた家に生まれた「神童」でありました。誕生のときにさまざま、不思議な出来事があったことが語り伝えられていますが、お大師さまご自身も、書き残しておられます。

　お父様の佐伯直田公《さえきあたえのたぎみ》とお母様の玉依御前は、奇しくも、出産の前夜に同じお坊さんの夢を見たといいます。歩く後ろ姿に後光がさして、思わず礼拝しようとしたらふりかえり、その顔は、なんともにこやかな老僧だった、といいます。

「夢に天竺国より聖人の僧来りて、我が懐に入ると見き。かくのごとくして妊胎《にんたい》して産出せる子なり」

これは、お大師さまが亡くなる前に弟子たちに書き残した『御遺告』で述べています。お生まれになったときのことを、両親から聞いたとして、弟子たちに伝えたのです。

お母様の玉依御前の夢の中に、インドから聖なるお坊さんが現れ、懐妊して産まれたのだ、というのです。

仏さまとのご縁が早くから現れていたことを、お大師さまはあの世に旅立つ前になって初めて明かしました。
五、六歳のころ、いつも八葉の蓮華の中に座って、もろもろの仏さまと言葉を交わしている夢を見ていたというのです。そのことは誰にも、両親にも言わずに胸に秘めてきたのでした。
そして、「お前の前世は仏弟子」だと聞かされた、眞魚《まお》と名付けられた少年お大師さまは、とてもうれしく思って、いつも泥土で仏像を作り、屋敷の近くに小さなお堂を造ってこの仏像を安置してお参りの真似事をしていたそうです。

現在の善通寺近隣には、眞魚さまが泥土で仏像と小さな御堂を作って遊んだ「仙遊ヶ原」や、仏法によって人々を救済する誓いを立てて切り立った崖から身を投げられた「捨身ヶ嶽禅定」、幼少の頃の学問所「獅子の岩窟」といわれるゆかりの場所があります。

ご両親は、「この子は前世で仏弟子だったに違いない」と話して、お大師さまを大切な宝物だと育てました。「貴物《とうともの》」と呼び、愛情を一身に注いで育てたのです。

子供はみな貴いもの。お大師さまのご両親が教えてくれた親の心は、このところの日本ではどこかに行ってしまったようで、私はとても心を痛めています。

七歳のとき、出家して一切の衆生を救おうとの誓いをたてる

「おん歳七つそのときに
　衆生の為に身を捨てて
　五つの嶽に立つ雲の
　立つる誓いぞ頼もしき」
弘法大師和讃にうたわれる、お大師さまの幼いときの誓いです。七歳のときに、生家に近い五嶽山にのぼり、出家して一切の衆生を救おうと誓いを立てられました。その誓いを生涯貫かれて、現在にいたるまで、私たちを護ってくださっているのです。

仏さまはみなそれぞれの心の中にあって見えませんから、仏像を観じて祈ります。仏像は、それぞれの心の鏡です。仏像を見ているとき、じつは仏さまも自分を見ていてくださると感じ取る、その心が大切です。

「諸仏威護して、一子の愛」

仏さまが、私たち衆生を護って下さる心は親が子を思う愛情そのものなのだよと、のちのち、お大師さまはそう教えました。それは、子供のためには身を捨てても愛して育てようという、貴い親心なのです。

それなのに、最近の事件をみていると、自分のために子供を犠牲にしてしまう親のなんと多いことでしょうか。お大師さまの教えをいまに広めたい。このごろ、私はその思いをさらに強くしています。

お大師さまのことを思うとき、お大師さまもまた、私たちそれぞれの心を観ていてくださいます。ご自身が「貴物」と呼ばれてご両親に愛情を注がれた、その同じ愛情で私たちを包み込んでくださっているのです。

このお母様のエピソードの一つが「女人高野」です。お大師さまが高野山を開いて修行していることを知ったお母様は、讃岐から高野山にやってきました。

しかし、高野山を修行の道場としたお大師さまは、高野山を女人禁制としていたので入れません。古来、女性は修行の妨げになると、修行の場から遠ざけられていました。この「女人禁制」のしきたりが解かれるのは、日本が近代国家になる明治からのことです。

「我が子が開いている山を一目見たい」

玉依御前は、その一心で善通寺からはるばるやってきました。弘法大師の御母公が香川県の善通寺より訪ねてきたのです。しかし、高野山は女人禁制でありましたので、弘法大師の元には行くことができず、高野山の入り口に建てられた慈尊院で暮らしたのでした。

このとき、お母様はいくつになっていたでしょうか。お大師さまは兄弟の末と伝えられますから、昔でいえば高齢でしょう。老後を我が子のそばで過ごしたい。そんなお気持ちだったと思います。

慈尊院は、お大師さまが高野山開創に際し、高野山参詣の要所になる場所に表玄関として伽藍を草創し、庶務を司る政所、高野山への宿所として、冬期の避寒修行の場所としました。創建当時の慈尊院は、現在の場所より北側にあったと伝えられていますが、西暦一五四〇年、紀の川の大洪水にて流失しました。

和歌山県九度山町に立っていますが、この町の名が玉依御前に由来します。お大師さまが、毎月九度、高野山からお母様に会いに来られたから、この名が付けられたという説があります。

お母様が亡くなった後、お大師さまはお母様が篤く崇拝されていた弥勒菩薩座像と御母公像を安置するため、弥勒堂を建てました。この弥勒堂は、寺が流失したときには、現在の場所に移されていたので無事だったそうです。

慈尊院の本尊である弥勒菩薩は、別名「慈尊」といい、そこから慈尊院と呼ばれるようになりました。

お母様の御利益にあやかろうと、この「女人高野」には、子授け、安産、育児、授乳、良縁などを願って乳房型の絵馬を奉納する女性が多くお参りします。

有吉佐和子さんの名著『紀ノ川』の冒頭のシーンは、主人公の華が、嫁入りを前に祖母に連れられて地元の慈尊院にお参りして、柿を食べるシーンです。秋深い高野山を背景にした紀州の風景が伝わる名場面はまた、お大師さまとお母様との心の交流を伝えてくれます。

子は仏さまの授かりものという両親の信仰心

親を思うことは、自分を思うこと。仏さまを思うことは自分を思うこと。仏さまを思うことは生命そのもの、私たちが生きている地球を、社会を思うことにつながるのです。

日本人は長生きになりました。長生きするということは、親子の縁が長く続くことでありますが、良いことと悪いことの両極端が、いまの日本社会のなかに現れています。

親が長生きしてくれることは、嬉しいことです。私も母親が八十六歳で亡くなりましたが、いなくなっていっそうその存在が大きかったことを毎日実感しています。

悪いことといいますか、親が長生きして、老いた子供が親の介護をするケースもあります。あるいは、仲の悪い親子の争いが長く続いてしまうという悩みを抱える人もいます。

無縁社会などという悲しい言葉が出来たのは、どうしてでありましょう。親子の絆を忘れる日本人が出てきてしまったからでありましょう。

しかし、大きく見渡せば、やはり親が元気で長生きしてくれることは、幸せなことだと、多くの人たちが感じています。

「親孝行、したいときには親はなし」

昔の人はそう言いましたが、いまの日本人は、しようと思えば、親はずっとそばにいてくれるのです。

私の寺には、小さな子供たちがよく来ています。二時間近い護摩行の間、いっときは寝てしまったりしますが、みなおとなしく親の隣で正座して、真言を唱えているので、初めて寺を訪れた人たちが驚きます。

　親たちが、自宅で仏さまに祈っている日常が想像できますが、祖父母もいっしょに来る家族も少なくありません。親から子へと、代々続く祈りのある暮らしが、このような小さな信者たちを生み出しているのだと、私は仏さまに合掌しています。

「積善の家に余慶あり」と申しますが、こうして仏さまに祈って仲良く暮らす家族の心持ちが、きっと幸せを運んでくるのだと思います。

　お大師さまは、親子や肉親の情愛を大切にしました。

　仏さまの教えを得ることが、ほんとうの幸せにつながり、真実の親孝行なのだといいます。出世を期待していたであろう両親の考えに背《そむ》いて出家したことを、お大師さまはとても悩んだことでしょう。しかし、その悩みを超えて得た真理のなかに、親たちへの深い愛情があると悟ったのであります。

　親が子供に愛を注ぐのは、我が内なる仏に愛を送ることです。子が親を愛するのは仏さまが親の心に宿っていると知っているからであります。

　幼いお大師さまを、ご両親は「貴うもの」といって大切に育てた、と伝えられます。お大師さまがいきいきとした賢い少年だったからでしょう。しかし、それだけでなく、子は仏さまからの授かりものという、ご両親の篤い信仰心によるものだったと、私は思っています。

子は、みな宇宙の宝です。仏さまなのだと思えば、虐待はおさまりましょう。まずは、親の心をとりもどすことから、虐待の防止は始まります。

仏さまの慈悲を感じる心が、親というものの心であります。親を親として敬う心を、もう一度社会に根付かせたいと、私は「心の再生」を強く祈るこの頃です。

親子は、この世の人間関係の原点です。

お釈迦さまは親と子の心を「父母恩重経《ぶもおんじゅうきょう》」で説法しました。子に対して親の恩を説いているものです。

「父母の恩重きこと天の極まり無きが如し」

お前たちは、どうして親の恩を忘れてしまったのかと、お釈迦さまは衆生の心の弱さを戒めました。

親の恩を知ったとき、太古からずっとずっと生命を育ててきた先祖の恩をも知るのです。仏さまの生命の力を感じ取るのは「あぁ、私は独りぼっちでここにいるのではない、私の体内には数えきれないほどの昔から続いている生命の力が込められている」と思えた瞬間でしょう。

肉親への愛情を捨てたことがなかったお大師さま

高くそびえて頂上が見えないのは妙高山であり、みはるかすかぎり漫漫として底が知れないのは北溟と渤海である。お大師さまは、書きました。

これほどに高くあるいは深い海も山も、世界の始まりと終りに吹くすさまじい嵐がひとたび起これば、塵となり、七つも重なる太陽に焼き尽くされる、とあります。

どのような堅固な山や海でさえ、崩れ去ることがあるのだから、人間がずっと存在し続けることはできないのだ。

「始まりあり終りあるは、これ世の常の理《ことわり》、生者必滅はすなわち人の定まれる則《おきて》なり」

この世の、動かせない道理とは、まさに始まりと終りのあるときを限られたなかで生きるということであります。生まれきた者は必ず滅してしまうのです。そこに生老病死という「苦」を背負うのが、人間の定めです。

その苦しみを、どのように乗り越えるのかということが、仏教の基本です。この世は終りがあるが、生命とは永遠のものだと感じ取れれば、消えて無くなるのではないかという不安は解消します。しかし、あの世のことは誰にもわかりません。ただ、信じるしかないのです。

そうであれば、まずは「始まりあれば終わりあり」という、この世の定めをそのまま受け入れようではないか。お大師さまは「苦」を受け容れて「苦」を我が身の一部にしてしまおうと教えているのです。

まずは、親と子の心を交流させるところから、明るい世界への道が開けると、信じています。

仏教は親子の関係を絶つものだと思っている人がいるかもしれませんが、お大師さまは肉親の愛情を捨てたことはありませんでした。修行のために女人禁制としましたが、お母さまのために、女人高野を創りました。

どのような道を歩こうとも、互いに信じ合って生きることはできるのです。

親子の関係を絶つことは、仏さまの道に通じる人間の道ではないと、青年お大師さまは深く憂いていたのでした。

どうしたら、人々を救うことができるのだろうか。お大師さまが道を求める発心には、その憂いがあったと、私は学んでいます。

親とは、子とは、それは生命にとって、どのような存在なのか。もう一度、考えてみたいと思います。親を敬い子を貴ぶのは、生命の原則によるものであります。人間が本来持っている「あるがまま」の、仏さまの心であります。

あなたは、親と心を通わせていますか。出家した者も在家の信者も、親子の絆は心の交流です。親には、子に伝える生命の情報があります。子はそれを受け継ぐ役目があるのです。親のいない子はいません。親がいたからみなこの世に生まれてきたのです。どのような状況で生まれてきたのか、これもまた千差万別です。祝福されて生まれてきた子もいれば、悲しみや苦しみを背負って生まれてきた子供もいます。

どんな子も、みな仏さまの愛に包まれて生まれてきています。しかし、その愛を知るために、人生の旅が始まります。

生命のネットワークと私が説いている天上に編まれた網の、一つ一つの結び目に、親と子は結ばれているのです。

生命の光の川は、めぐりめぐって連綿と続いています。親というものは、たとえ血がつながっていなくとも、子と思って育て、わが身がこの世で得たものを伝えようとする存在であります。

千二百年余り前のことですが、エリート官僚への道を捨てて、仏の道を求めたお大師さまにとって、日々を飽食して遊び、口先ばかり達者で世渡りをはかる上流階級の子弟たちの心が、どれほど空虚であったかを、若きお大師さまは知ったのです。

なぜなのか。その答えの一つを、お大師さまは父母との絆に求めました。

都で暮らす貴族たちの中には家庭よりも、自分の栄達や遊びを優先させる者たちがたくさんいたと思われます。宮廷には権力をめぐる陰謀が渦巻き、親でも兄弟でも闘争の対象として、失脚させたり、果ては殺してしまうこともありました。

そうした暗闘の果てに、やがて平安時代が幕を開けていくのです。

大学に学ぶも満たされず、山野で修行して道を求めようと決意

さて、お大師さまの誕生から一気に高野山まで飛んでしまいましたが、もう少し時を戻して、お大師さまの少年青年期を辿りましょう。

「余、年、志学《しいがく》にして外氏阿二千石文学《がいしあじせんせきぶんがく》の舅《きゅう》に就いて伏膺《ふくよう》し鑽仰《さんごう》す。二九《じきゅう》にして槐市《かいし》に遊聴《ゆうてい》す。雪蛍《せっけい》を猶怠るに拉《とりひし》ぎ、縄錐《じょうすい》の勤めざるに怒る」

（私が十五歳になったとき、母方の叔父である阿刀大足について、学問にはげみ、研鑽を積んだ。十八歳で大学に遊学し、雪の明かりや蛍の光で書物を読んだ古人の努力を思い、まだ怠っている自分に鞭打ち、首に縄をかけ、股に錐を刺して眠気を防いだ人ほどに勤めていない自分を励まし

た）

叔父の阿刀大足という人物は、宮中に召されて皇子の教育に当たるほど学識が深いのでお大師さまはこの叔父さまを師として、学問の道に入りました。

お大師さまは、たいへん優秀であったので、奈良の都に送られて、大学に学びます。ここは、貴族の子弟しか入れない超エリート校ですが、叔父様が皇族の家庭教師をしていたので、お大師さまは高級官僚になるための教育を受けることになるのです。

しかし、広く儒教の書物や史書を学ぶのですが、心は仏教に魅かれます。お大師さまはたいへんな勉強家で、この時期に学んだ知識は膨大なものだったはずです。後に、唐に留学したときに、彼の地の人々が感動したほどの中国語、それも会話だけではなく文章の巧みさ、文字の見事さは、少年期に猛勉強した賜物でありましょう。

それほど学び、周囲から将来を期待されるお大師さまですが、なにか満たされません。

「もっと、学ぶべきものはほかにあるはず」と、考えに考えました。

「真の福田を仰がんにはしかず」。（幸せを生み出す福の田は、仏さまを信仰することだと、思いがいたりました）そして、『三教指帰《さんごうしいき》』という三巻の小説を書きました。大学を離れて、山野で修行して道を求めようと決意したのです。

『三教指帰』は、世界でも最古の部類に入ると思われる心理小説になっています。哲学の書でもあります。儒学者と道教の仙人とが論争しているところに、仏さまの教えを求めている若者が居合わせる、という設定です。儒教と道教では人は救えないと、仏教徒の若者が次々と論破していきます。この若者がお大師さまご自身であり、そのお考えを託している主人公です。

儒教を学んで人の道を究めても、高潔な人格だけでは人は救えない。道教で、生命の無限の力を駆使できる術を覚えても、やはり人の苦しみを癒すことはできない。一人、仏さまの教えだけが、生命の力を取り戻すことができると、お大師さまは教えを展開します。遠い昔の小説ですが、その教えは現代にじゅうぶん通用し、私たちを癒してくれる力にあふれています。

頭脳明晰、文理いずれの知識も駆使できる能力を持つ、あるいはスポーツ万能。それだけでは、福徳を得ることはかないません。

お大師さまが、のちのち、密教を学ぶとき、儒教も道教も知っておくようにと説いたのは、ご自身の体験によるものと、私は考えています。学問は知識だけではない。実践であり、経験だと身を以って得たのでありましょう。

多感な時期を暗い朝廷の空気の中で過ごしたお大師さま

お大師さまが奈良に上って大学に学んだ頃、朝廷は権力抗争に明け暮れていました。

奈良時代は、西暦七一〇年に元明天皇が平城京に遷都してから、七九四年に桓武天皇が平安京に都が遷されるまでの八十四年間を、あるいは七八四年から桓武天皇が長岡京に都を移すまでの七十四年間を指しますが、いずれにしても、百年に満たない時代でした。しかし、日本はこの間に大きく変わります。

奈良の都「平城宮」を、唐の都長安に似せて造ったように、中国の体制を日本に取り入れました。そして、律令国家・天皇中心の専制国家・中央集権を目指したのです。その政治変革を背景に、天平文化が華開いた時代でもありました。貴族・仏教文化であります。それはまた、東大寺をはじめ、奈良仏教の寺院が大きくなって影響力を持ち始めていくことになりました。

当時の皇族や貴族は、遣唐使によってもたらされた唐の文化を積極的に取り入れました。お大師さまが生まれた時代は、日本が世界に向かって門戸を開いていた時代でありました。この当時の「世界」といえば、唐だったのでした。奈良の都で、お大師さまは唐文化とそこから見える「世界」を知ったのでありました。

桓武天皇は、はじめは長岡京を造営しますが、天災や近親者の不幸・祟りが起きて、長岡京から平安京へ改めて遷都します。

桓武天皇が即位する前のことですが、皇后と息子の一人が、さらにやはり息子である早良親王も不自然な死に方をしました。その怨霊を、桓武天皇は恐れます。

多感な時期を、このような暗い朝廷の空気のなかで過ごしたお大師さまの、深い苦悩が始まったのでしょう。その苦悩が、大学退学の道に通じます。

お大師さまのお誕生日、六月十五日は旧暦ですから季節は現代と少しずれているでしょう。もっと夏に近いと思います。しかし、緑に包まれた、風がきもちよい季節であったと思います。こずえを吹き渡る風を、私はお大師さまの降誕を祝う天のメッセージだと受け止めています。

高野山では、この伝統行事であります宗祖降誕会を「青葉祭り」と呼んで、いまでは高野山町のお祭りにもなっています。鹿児島の我が寺最福寺でも、毎年盛大にお祭りをします。まずは、「大般若波羅蜜多経《だいはんにゃはらみったきょう》」六百巻経典転読祈願法要が、この日営まれます。

これは、大乗仏教の基礎的な教義を書いた般若教典を集大成したもので、全六百巻、それ以上あるともされる尊いお経です。紀元二世紀にはサンスクリット文字で書いた原形が出来上がったと伝えられます。この膨大な経典群は、三蔵法師玄奘がインドから唐に持ち帰って翻訳の指揮を取り、四年の歳月をかけて翻訳して、この「大般若波羅蜜多経」が完成しました。紀元六六三年のことでした。

これを読み切るのはたいへんなことなので「転読」と呼ばれる方法が取られます。例年、「転読」による祈祷と加持を修しましたが、これは教典をパラパラとリズムをもって繰りながら、真言や『転読大般若経中唱文』などを読誦する、なかなかダイナミックな儀法です。経典に秘められた御仏の偉大な力が、経典からあふれ出てくるような行で、この歴史もまた古いものです。日本では『続日本紀《しょくにほんぎ》』にも、宮中で六百人の僧侶を招いて「大般若波羅蜜多経」の転読を行ったという記録が、七七六年五月三十日の項に見られます。

不空三蔵が滅した日に誕生したお大師さま、つながる密教の源流

お大師さまが誕生された六月十五日は、奇しくも密教をインドから中国に伝えた不空三蔵が滅した日でした。このため、お大師さまを不空三蔵の生まれ変わりだという伝説が流布されもしました。

不空三蔵が唐の都西安の由緒ある大興善寺を密教道場としたので、この寺院は中国密教

発祥の地とされます。私はかつてこの寺を訪れました。広大な境内にはさまざまな建物があって、お大師さまがここで学ばれたのだという感慨にひたり、悠久の時を感じてきました。

不空金剛《ふくうこんごう》は、西暦七〇五年生まれで七七四年に没した唐の高僧です。真言宗では三蔵法師の一人であることから「不空三蔵」と尊称し、真言八祖の「付法の八祖」では第六祖、「伝持の八祖」では第四祖とします。また「不空」とも略称されています。

不空三蔵の出生地は諸説があり、インド南部とも唐の涼州ともいわれます。父はインド北部出身のバラモンで、母は康国人でした

幼くして長安にやってきたそうです。不空三蔵は金剛智のもとで二十年余り密教経典の翻訳に携わり、後継者となりました。不空三蔵は、唐三代の皇帝から絶大な信頼を得て、中国に密教を飛躍的に広めました。大興善寺を根本道場としたのです。皇帝の命で『大日経』等の密経経典を求めるためにセイロン・インド南部に渡り、また、インドの龍智阿《りゅうちあ》闍梨《じゃり》のもとに派遣されました。

玄宗皇帝の信頼が厚く、次の祖である恵果《けいか》阿闍梨《あじゃり》の師でありますが、皇帝に信任されましたのは、雨乞いなどの呪術の貢献があったからでした。大きな法力をもっておられた名僧であります。

しかし、その不空三蔵も胎蔵界の密教を究めたわけではなく、中国での密教隆盛を背景に、二つの密教を究めて、これを統合したのが恵果阿闍梨だったのです。そして、その後継者に選ばれるのが、お大師さまであります。

一本の糸が、まっすぐ密教の源流につながっていることを想いながら、私は毎年、お大師さまの誕生日「青葉祭り」を祝って、「大般若波羅蜜多経」の転読を修しています。

お大師さまという、私たちに光を灯して道を教え導いて下さる大いなる燈明に、幸せの祈りを届けたいと念じています。

二

出世コースの大学をやめて出家、修行の道へ

儒教では人を救うことはできない

お大師さまは、讃岐から奈良の都に出て、しばらくして「大学」に入ります。「大学」は、いまのようにたくさんあったのではなく、たった一つ、それもエリート官僚を育てる教育機関でした。本来は貴族の子弟しか入れないのですが、お大師さまはたいへん優秀であったことや、叔父様が天皇の子弟の師であることから、特別に入学を許されたのでしょう。お大師さまは、一族の期待を背負って必死に勉強しました。

しかし、何かが足りないぞ、とお大師さまは感じていたのです。

「博く経史を覧《なが》めしかども専ら仏経を好む。恒に思う、我が習うところの上古の俗教は、眼前都《すべ》て利弼なきをや。一期の後、この風《ふうすで》已に止みなん。真の福田を仰がんには如かずと」

これは、お大師さまが『御遺告』のなかで、若き日を回顧して述べたものです。

お大師さまは、幼いときから叔父の阿刀大足の助言によって、「俗典の少書等及び史伝」の教育を受けました。文章も学びました。仏像を泥でつくり、世の人を救いたいという願いを心に持つ少年に、一族の大人たちは教え諭していました。

いずれ御仏の弟子になるようなことがあっても、まずは世間の書物を学んで身を立てるようにしておくことが大事だと言ったのです。その方針のもとで、お大師さまは、十五歳で上京しました。

そこで、初めて「石淵の僧正の位を贈られた勤操《ごんそう》」という師に出会い、大虚空蔵《だいこくうぞう》などの法や能満虚空蔵《のうまんこくうぞう》の究極の法を授かったと言っておられます。心をこめて真言を称えて念じ、御仏のパワーを受けることに勉めたのです。しかし、それは正式な方法ではありませんでした。お大師さまは、まずは世俗の学問を修める努力もしたのです。

そして大学に入って、主に四書五経を学んだのです。しかし、それら儒教の書物をどれほど学んでも、目前のことには何の役にも立たないし、死後への影響もない。本当の幸せは御仏によってのみ得ることができると、お大師さまはさとったのです。

儒教では人を救うことはできない。それが若きお大師さまが大学で知ったことでもありました。

お大師さまのように、若くして四書五経に精通するほど学ぶかどうかは別として、知識を詰め込むだけの教育では、心を充たすことはできません。ただ、お大師さまは儒教の教えを否定しているのではありません。のちにご自身で学校を創ろうとしたときにも、総合的な教育を目指していますから、知識を広く持つことは、人間形成の上でおおいに役立つことだと考えていたのです。若き日に学んだことが、みな御仏の道に通じていることを、体験からもわかっていたのです。

これは、いまも同じことで、人間の成長には、社会のルールを知る儒教の教えや、自然と人間の関係を体得する道教の教えは、みなみな「栄養」となるものであります。お大師さまが身につけていた学問や語学・文章力は唐へ留学したときに、すべて活きてきます。与えられた環境のなかで、そこに在るものを全身全霊で吸収することは、すべてを包み込む密教の教えでありますから、お大師さまは学ぶ前からその実践をしておられたのです。

お大師さまは幼いときから、たいへんに信仰心に篤い、やさしい人柄だったと伝えられます。穏やかで、産物に恵まれた風土に生まれ、親の愛情をたっぷり受けて育ったお大師さまが、いきなり奈良の都で、出世や権力争いが繰り広げられる世界を見せられたのですから、多感な少年の心に学問イコール出世と考えられていた都で学ぶ生活を疑問に思ったのでしょう。

現代は格差社会だといわれますが、古代の格差はそれどころではありません。貴族は立派な邸で暮らしていますが、庶民は掘立小屋のような粗末な家や、竪穴住居で、貧しく暮らしていました。都を歩けば、そのような庶民の生活も知ることにもなります。

現代の若者が、海外にでかけ、あるいは災害の被災地でボランティア活動をするのも、知識だけの教育では満足しない心の叫びがあるからだと、私は考えています。

とかく、世の中には、あの人は専門の学問を学ばなかったから、とか、一流大学を出ていないから知るはずもないと決め付けてしまう人たちがいます。

そのような決めつけが、社会のそこここに壁を作って、真理に至る道をふさいでしまいます。

ところが、この壁を思いっきり越えてしまうと、そこに真理がみつかることがあるのです。これまでの歴史で、偉大な発明をしたり開発をしたり発見したりした人には、こうしたケースが少なくありません。

僧侶が教えてくれた虚空蔵求聞持法《こくうぞうぐもんじほう》

学ぶことは苦しいことであります。苦難のときは御仏の智慧のはたらき、安堵のときは慈悲のはたらきであります。慈悲の光のなかで生まれ育ったお大師さまが、奈良の都では苦難の道に分け入ったのでしたが、お大師さまはその苦を苦とせずにひたすら真理を求めて前に進んでいきます。

お大師さまは、大転換します。出世コースの大学をやめて出家し、修行の道に入ったのです。それは、真理を追究する道への大きなジャンプでした。

その背中を押したのが、一人の僧侶でありました。この僧侶が誰であったのか、諸説あります。勤操だという説もありますが、この師には大学に入る前に出会っているので、どうでしょう。

「爰《ここ》に一《ひとり》の沙門有り。余に虚空蔵求聞持の法を呈《しめ》す。其の経に説く、『若し人、法に依って此の真言一百万遍を誦ずれば、即ち一切の教法の文義、暗記することを得』と。焉《ここ》に大聖の誠言を信じて飛焔を鑽燧に望む。阿国大瀧嶽によじのぼり、土州室戸崎に勤念す」

僧侶が教えてくれた虚空蔵求聞持法を、お大師さまは始めます。

阿波の大瀧嶽によじのぼり、土佐の室戸崎で、お大師さまはひたすら真言を唱え続けます。

「谷、響を惜しまず、明星、来影す」

お大師さまの唱える真言が、谷に響くように修行の成果を表して、虚空蔵菩薩の象徴であります明星がお大師さまの前に現れた、というのです。

お大師さまの生涯のエポックメーキングな出来事は、求聞持法の修行によるものでした。求聞持法は、脳のはたらきを活発にする、「響き」を持っているのだと、私は思っています。

「真言」とは、すなわち「声」であり、「声」はすなわち言語活動の秘密である、とお大師さまは教えます。

「ノウボウアキャシャギャラバヤオンアリキャマリボリソワカ」

虚空蔵菩薩の真言です。真言はサンスクリット語を漢字に音写したものをそのまま音読みにしています。この真言のサンスクリット語の意味は、「虚空蔵菩薩に帰依したてまつる。花飾りをつけ蓮華の冠をつけた人に幸いあれ」というものです。

ほかの真言も同じように、この言葉自体にはあまり意味がありません。しかし、この真言は密教の秘法である「求聞持法」に用いますと、たいへんな記憶力がつくのです。「聞持」の言葉どおり、聞いたことを持つ、つまりは記憶する能力を得ることができる秘法です。

「この法成ずれば、即ち聞持の力を得て、一度耳目にふるるに分義ともに解す。これを心に記して永く永く遺忘《いぼう》することなし」と、「仏説虚空蔵菩薩能満諸願最勝心陀羅尼求聞持法」に説かれています。

この秘法によって初めて御仏と出会った

ただ真言を唱えればよろしいというのではありません。むずかしい作法がありますが、しかし真剣に百万遍唱えるだけでもたいへん記憶力がよくなる真言です。

そして、お大師さまはこの秘法によって、初めて御仏と出会ったのでした。

「遂にすなわち朝市の栄華念念にこれを厭い、巌藪《がんそう》の煙霞《えんか》日夕《じっせき》にこれを飢《ねが》う。軽肥流水を看ては電幻の歎き忽ちに起り、支離懸鶉《しりけんじゅん》を見ては因果の哀《かなしび》休せず。目に触れて我を勧む。誰かよく風を係《つな》がん」

室戸岬の洞窟で、虚空蔵菩薩の真言を一人で唱え続けていたとき、青年空海の口に明星が飛び込んできた、と伝えられています。

この奇跡を体験したお大師さまは、世俗の立身出世や享楽的な暮らしを嫌うようになって、信仰の道を突き進むことになるのです。求聞持法は、なぜ、山に登ったり、地の果てのような岬の洞窟にこもって、真言をくるのでしょう。これは、虚空蔵菩薩が天地いっさいの現象を表現している菩薩だからです。日照りに苦しんでいた田に慈雨が降る、あぁうれしい、有り難い、と思ったとき、この菩薩は天地に満ち満ちます。虚空蔵菩薩が天地に書き上げた文字が読めて、たがいのコミュニケーションがとれた充足感であります。

私たちの生命は自然がなければ生命は輝きません。天地が呼吸して、私たちの生命も山川草木すべての生命が生息することができるのです。

秘法によって虚空蔵菩薩に「わが声」が届いたとき、菩薩は大いなる利益を与えて下さるのです。それは、もともとはこの世を去ってから得られる宇宙の慈悲と智慧とを、現世において与かることができる、有り難いものであります。

私も、この求聞持法を修しました。密教を修める者は、この秘法を目指します。非常にきびしい法ですが、その功徳もまた大きいものなのです。

俗塵をいっさい排した場所に座していますと、聞こえてくるのは自然の音ばかり。木々のささやき、谷川のせせらぎや波の音、鳥のさえずりも聞こえましょう。まさに、音風景に選ばれた音であります。それは、この地球に生まれた私たちと同じく、生命をここに授かった地上の声です。耳を澄ませば、この「自然の声」は誰にでも聞くことができるのです。

しかし、声を聞く、御仏の文字を読めなければ、なにか気持ちがいいけれど、という状態で終わってしまいます。しばらくすれば、「自然の声」を忘れて、人々はまた喧嘩をしたり、欲におぼれてしまいます。

ところが、自然のなかで真言を百万遍唱えるほどにきびしい行をしていますと、この地上だけのことではない、宇宙のはるか彼方からのメッセージが届くのです。

大宇宙のはるか彼方なのか、私たちの身体の小宇宙の奥底なのか、そこのところはわかりません。密教では、この二つは一つのものだと教えますが、現代の西洋科学の思考からはなかなか理解しにくい、インド哲学の発想なのです。

唐に渡って「大日経」を学ぼう

お大師さまの跡を追って、室戸岬の先端までたどりついた司馬遼太郎氏は、「空海がこの洞窟をみつけたとき、『何者かが、自分を手厚くもてなしている』と言う実感があったのではないか」と書いておられます。その「実感」は、じつは司馬遼太郎氏自身が感じ取られたものではなかったか、といまにして思うのです。

それは、洞窟に波の音が運んでくる宇宙の「声」ではないか、と。

どこでも、だれでもが、いながらにして、「宇宙の声」を聞き取れるのであれば、それが即身成仏の世であります。ほんとうは、誰もが耳を澄まし、全身全霊を澄ませば、「宇宙の声」を聞くことができるのです。

お大師さまの唱える真言が、谷に響くように修行の成果を表して、虚空蔵菩薩の象徴でありますす明星がお大師さまの前に現れた、というのです。

求聞持法と並んで、もう一つの秘法である「八千枚《はっせんまい》大護摩供《おおごまく》」はこれも全身全霊を打ち込む荒行ですが、この行によって体内細胞が目覚めていくのだと、私は感じているのです。

二大秘法をつつがなく成満しつづけてこられたことが、私が御仏のはたらきを感応できる行者になれたのだと、私はいつも感謝の気持ちでいっぱいです。

仏さまと出会ったお大師さまは、これは、いったいどうしたことかと、神秘体験の謎を究明していこうとしました。なぜ、そのようなことが起こるのか。真言の力とはどのような教えに基づいているのだろうか。

それまで日本に入っていた仏教は、学問的な要素が強いものでした。そうした経典や学僧たちからでは、神秘体験と真言の力について、納得がいく答えが得られません。

導かれるように、やがてお大師さまは『大日経《だいにちきょう》』に出会います。これこそ、求めていた教えだと、お大師さまは感動しますが、この経典について教えてくれる書物も師も、日本にはいませんでした。

とうとう、お大師さまは唐に渡って学ぼうと決意します。

そして、この『三教指帰』をまとめあげ、姿を消しました。これは、日本で最初の小説であり、戯曲でありますが、なにより、お大師さまの心の軌跡をたどることができる書でもあります。そして、お大師さまの俗世への決別宣言でもあると、私は読みます。人生を大転換する理由を、お大師さまはこのような形で公表したのでありました。

儒教で公共性の大切さを学び、道教で自然との一体感を覚え、しかしそれだけではまだ道半ばなのだと、御仏の教えを説く主人公の仮名乞児は、お大師さまそのものであります。『三教指帰』は、都で評判になったのですが、それから唐への留学生となるまで、お大師さまの足跡は、いっさいわかっていません。

『三教指帰』で説いている「仏の教えこそ、本当のもの」

空白の数年間に、お大師さまはさらに行を重ね、語学を学んでいたと思われます。唐への船が嵐で漂着した港で、お大師さまは遣唐使に代わって唐の役人に提出する文を中国語で書いて、異国の官吏を感心させますが、それほどの学問をすでに身につけていたのですから、必死で学んでいたことがわかります。『三教指帰』の「序」の後半には、大学を辞めて仏教を学ぼうとするお大師さまに、親戚や知人たちが引きとめようとしたことが書いてあります。

超出世コースを惜しげもなく放り出して、出家しようというのです。しかも、誰にもわからない『大日経』の教えを求めているのです。若者の前途を心配する人たちは、「我を縛《ゆわ》うに五常の索を以てし、我を断るに忠孝に乖《そむ》くを以てす」と、儒教の教えを持ち出して、強硬に反対しました。

「物の情《こころ》一ならず、飛沈性異なり。是の故に、聖物人を駆るに教網三種あり。所謂、釈・李・孔なり。浅深隔有りと雖も並びに皆聖説なり。若し一つの羅《あみ》に入りなば、何ぞ忠孝に乖むかん」

お大師さまは、このように反対する人々を説得しました。

聖人が人を説くのに、教義に浅い深いはあるけれど、どれもみな聖人の教えだから、そのなかの一つの網に入れば、忠孝に背くことはない。

そう言ったのです。そうして、その三つの教えを並べて、じつは仏の教えこそ、本当のものだと、『三教指帰』で説いているのです。

これは、お大師さまの詭弁ではなく、真言密教の真髄を言い表している言葉でもあります。「統合による包摂仏教」だと、このところを説いているのは、宮坂宥勝《みやさかゆうしょう》先生ですが、お大師さまがあらゆるものを、真言密教として受け容れながら、仏の真理を説いたのだということです。

異なるものを受け容れて、受け容れて、曼荼羅に表す。一つのものを選んだのでは、切捨てられるものが出てきます。生きとし生けるものは、みな仏さまなのですから、否定せずに、足りないところを補って、ついには円満な月のような状態にもっていく。それが、真言の力であり、大日如来の教えなのだと、お大師さまは教えたのです。その流れは、すでに『三教指帰』を表したときから、胸にあったのだと、私は感動します。

それは「実践の教え」にほかならない、と私は信じています。この世に、この身体を授かって、生まれてきたのですから、動くということが、この世の生命の表現でしょう。身体を動かし、考え、心を動かして、初めて生命は輝くのです。

仏さまの心とは「人のために尽くすことができる心」

ほんとうの密教の修行は、三密修行に始まり、これにつきます。すべては、自らの身口意を清める三密修行の奥義をきわめることが、生命を知ることになるのです。

「般若心経」を唱える。真言を繰る。そうした行は、仏さまの道の入り口です。

まずは、祈りによって、心の闇を払いましょう。なぜそうなるのだ、と考える前に、行動してみましょう。必ず、心が変化していきます。これまで、イヤだと思っていたことが受容れられるようになります。イジワルをされていると思っていたら、気に掛けてくれていたのだと思えるようになります。気持ちが素直になっていく、そんな変化を感じるようになったら、きっと周囲に心配りができるようになりましょう。

お大師さまは、地獄も極楽も、この世に生きる私たちの心で味わうものだと、教えました。仏さまは心に在る、と。


「夫《そ》れ仏法遙かに非ず。

心中にして即ち近し。

真如外に非ず。

身を棄てて何《いずく》んが求めん。

迷悟我に在れば、発心すれば即ち到る。

明暗、他に非ざれば、信修《しんじゅ》すれば忽ちに證す」


これは、お大師さまが著した『般若心経秘鍵《はんにゃしんぎょうひけん》』の一節です。

仏さまの教えは遠いところにあるものではない、自分の心のなかにある。

真実は心のなかにあるのだから、わが身を棄ててはどこを探すというのか。

迷いも悟りもみな、わが内にあるものだから、求める気持ちを起こせば、かならず悟りにいたることができる。

お大師さまは、こう教えます。

迷ったときは、あれこれと外に目を向けずに、自分の心と向き合ってごらん、きっと仏さまが語りかけてくる声がきこえてくるよ、お大師さまは、そう言っているのです。

その心を信じて、若きお大師さまは突き進みます。唐に渡って出会う恵果和上は、お大師さまが求めていた、真実の師でした。

日本で苦しんだのは、そこに求める答えも人もなかったからだと、お大師さまは知ったにちがいありません。それなら、自分がその「師」になろうと、お大師さまが大きな夢を抱いて帰国します。

夢を持って、真剣に生きるところに、仏さまの世界が開けるのです。挫ける心を知ることも、トレーニングの大事な一つです。都に出て、お大師さまの心は、大きな「壁」に突き当たりました。その「壁」を越えようと、全身全霊で悩み、苦しんで、お大師さまは山に入り、海辺の洞窟で一心に真言を繰りました。出会いの一言を信じて、実践して得たさとりでした。救いこそ、仏さまの教えなのだとわかったのですね。

私たちは、自分の願うことが実現してほしいと、いつも思っています。頭の中だけで考えていても、なかなか実現しませんね。どうしたら、願いが叶うのか。仏さまに、願いが届く「身口意」を作りなさいと、お大師さまは教えているのだと、私は思っています。

儒教は考える修行、道教は身体を動かす修行、そして仏教は深層心理をも動かす修行ができるのだと、お大師さまが教えてくれているように思います。どれも、否定しないで、自分のなかに取り入れて、「識」を知る。それが、この世の、この身のままで仏さまを知ることになると、この三つの教えは説いているのです。

仏さまの心とは、究極は「人のために尽くすことができる心」です。そんなのはイヤだと思っている間は、なかなか仏さまにはなれません。自分だけの幸せなどはないのです。自分の住まいだけが安全だと思っては、ほんとうの安全はありません。

お釈迦さまは、きびしい階級制度があるインドにおいて、人はみな平等であると説かれました。地位や貧富の差を、どのように埋めればよいのか。社会的な地位や学歴などによって、人間の価値は変わらないことを教えました。仏教の救いの原点です。富める者と貧しい者との格差を埋めるのは、人はみな御仏であるという教えが、この『三教指帰』の底流にあると、私は大切にしているのです。

深山幽谷で重ねた厳しい修行

もう少し『三教指帰』について、お話ししましょう。

主人公の仮名乞児は、お大師さまの「分身」であります。お大師さまの筆は、過激なまでにこの不思議な人物を表現します。世間に受け容れられない恰好をした人物とは、いったい何者なのでしょうか。

「阿毘私度《あびしど》」「光明《こうみょう》婆塞《ばそく》」という私度僧《しどそう》たちは親友であり、支援者であります。「私度僧」というのは、奈良時代から平安時代にいました、政府の許可を得ていない僧侶のことであります。お大師さまも、大学を辞めて私度僧として修行を積んだ時期がありました。

「夏は意《こころ》を緩《ゆる》うして襟《ころものくび》を披《ひら》いて太王《たいおう》の雄風に対《むか》い、冬は頸を縮め、袂を覆って、燧帝《すいてい》の猛火を守る」

山野で質素な暮らしをしながら修行し、自然とともに生きる仮名乞児《かめいこつじ》の生き様は、後年にお大師さまが詠う数々の詩歌を思わせる、自然への憧憬が感じられます。

「形は笑う可きに似たれども、志は已に奪われず」

お大師さまは、そう結論づけます。

私は、「燧帝《すいてい》の猛火」という言葉が出てくる、この情景にいつも惹かれます。いや、托鉢時代の苦しさを思い出させてくれる仮名乞児の登場場面そのものが、懐かしく温かく、そして初心を思い出させてくれる緊張感をもたらします。

お大師さまは、深山幽谷できびしい修行を重ねました。その日々は、山野に生える野草や果実を食料とし、あるいは托鉢によって糧を得ながらの修行であったと思います。

「屋島の不喰梨《くわずのなし》」というお大師さまの伝説があります。お大師さまが遍路されて、讃岐の屋島で、とある裕福そうな家に供養を乞いました。欲張りの主人は、供養するものはなにもない、と冷たく言い放ちました。すると、お大師さまは、家の傍らの木に梨がたわわに実っているのをご覧になって、「それでは、この梨を、二つ三つ施してはくださるまいか」と頼みました。するとその家の主人は、いっそう冷たい表情で言いました。

「この梨は喰えないのだ」

お大師さまは、そのまま立ち去りました。その後で、主人が梨の実をもいで食べようとしますと、まるで砂をかむようで「喰えない梨」に変わっていたのです。

この説話は貪欲を戒めたものですが、外見だけで人を判断してはいけないという戒めでもあると、私は教えを解きます。旅人との出会いは、まさに心眼を養う修行でもあると、この説話が教えてくれます。

夢で告げられた「大日経こそが、そなたが求めている経典」

いまも、大勢の日本人が、四国巡礼に出かけます。歩いて巡っていると、「思いがけない場所でお接待を受けて、とても心に沁みた」と、信者さんが語っていたことがあります。

私は、自分自身の托鉢の体験を思い出しました。

「托鉢」は、お釈迦さまの時代から、僧侶の修行でした。伝法の旅は、托鉢によって支えられます。

私も若い日に鹿児島で托鉢から修行を再開したことがありました。

大学を卒業して、母の待つ寺に帰らずに、世直しができると思い込んでクーデター計画に関わりました。逮捕されて拘留され、不起訴にはなりましたが、新聞で大きく報道されて、母から勘当されてしまいました。獄中で私は行者として真摯に生きることが、私の人生の使命なのだと悟りました。

しかし、母は怒って家には入れてくれません。ほんとうに無一物の状態からの再出発だったのです。いまでは、その体験があったから、御仏の教え、お大師さまの教えが、私の根源に響くのだと信じて、有り難い御仏の配慮だったと思っています。

鹿児島市に借りた三畳一間の部屋に、リンゴ箱に半紙を貼った上に、お大師さまの厨子を載せました。これは、学生時代に宗教舞踊全国大会の総長賞でいただいた大切なもの。私は、毎朝午前二時に起きて、八時までお大師さまの前で一心不乱に読経を続けました。

それから身支度をして、県内各地を托鉢して回りました。法衣を着て菅笠を被り、手甲に脚半を着け、左手に数珠、頭陀袋を肩にかけます。草鞋か地下足袋で足ごしらえをしました。

京都や福井に行きますと、坊さんの托鉢姿が市民の生活に溶け込んでいます。坊さんがある家に門付けして般若心経を唱え、先祖供養をして一家の安寧を祈ります。すると、ガラリと戸が開いて、あらかじめ用意されていた米やお金などなんらかの布施が渡されるのです。布施の気持ちがないときは戸を開けないのが暗黙の了解で、坊さんは次の家の前に立つのです。

しかし、鹿児島にはこのような風土はありません。もともと仏教文化があまり及んでいなかったうえに、明治維新の廃仏毀釈によって、わずかに存在していた寺院は壊滅状態になったのです。その後、仏教復興の流れができましたが、それでも托鉢に理解があるという土地柄ではありません。

私が家の前で般若心経をあげますと、それだけで「うるさい」と怒鳴られ、「乞食に用はなか」と罵られることが多かったのです。とくに鹿児島市中では、物や小銭を投げつけられたこともありましたが、農村地帯に行くと、少し事情が変わりました。庭に氏神さまを祀っている家が多く、「拝ませてください」というと、断られることはほとんどありませんでした。お布施は、米、麦、餅、ミカン、それに一円、五円、十円玉がほとんどでした。初めての体験ですから、こうして温かい人の心が身にしみました。

托鉢とは、人の心を知る大切な祈りの修行なのです。托鉢が巡礼という、もう一つの修行に重なるのは、どちらも「出会い」というご縁によって導かれるからであります。見知らぬ人に御仏を見るのか、盗人と疑うのか。仮名乞児の外見によって、人々は石を投げつけましたが、じつは御仏の道を歩く聖者であります。

四国の巡礼ご接待には、旅人はみな仏さまという尊い心があります。そのご縁が、巡礼者を導くのであります。

大学を離れてから、山野をめぐるお大師さまの修行は二十歳まで続きました。

そして、このころ、師と仰ぐ石淵勤操《いしぶちごんそう》僧正の招きで和泉国の槇尾山寺で剃髪し、沙弥（少年僧）が守るべき十戒、七十二の作法を授けて、名前を教海、後に如宝としました。

このとき仏前で誓願を起こし、「絶対唯一の法門をお示し下さい」と、願いました。

一心に祈っていますと、夢枕に人が立って、大日本国《やまとのくに》高市郡の久米寺の東塔にある『大日経』こそが、そなたの求めている経典だと告げました。

しかし、この経典をひもといていると、理解できないところが多々あるのに、問い正すところもありませんでした。

『大日経』は、正しくは『大毘盧遮那成仏神変加持経《だいびるしゃなぶつじんべんかじきょう》』と言います。毘盧遮那とは、光明が遍《あまね》く照らすという意味であります。大毘遮那仏は、太陽ではあるが、しかし太陽よりも偉大な存在なので「大日」としたのだと説いています。

『大日経』は真言宗の根本経典であり、お大師さま以来、阿闍梨にのみ伝承されてきました。内容については公開されていない秘経であります。宇宙科学が登場した現代ならともかく、これまでの日本ではその深遠な内容は理解されえないところがあると、そのような伝え方になったのでありました。

その『大日経』によって、お大師さまの前に、大きな道が開かれることになります。

三

唐へ行こう

「大日経」について、もっともっと深く知りたい

お大師さまが誕生した讃岐の屏風ヶ浦の沖合は、瀬戸内海の重要な航路でありました。摂津の浜から出航した遣唐使の船が、ここを通ったそうです。幼い頃から、お大師さまは遣唐使のことを知っていたでしょうか。のちのち、遣唐使とともに中国へ渡ることになることを、知るよしもなかったでしょうが、お大師さまの脳裏には、海というものが、目の前を行く船が、遠い国と我とを結ぶものだという漠然とした知識が植えつけられていたかもしれません。

お大師さまは、久米寺で『大日経』に出会いましたが、このお経について説くことができる僧侶は、日本にはいませんでした。

日本に伝わってきた仏教は、密教以前の教えでありました。密教も入ってはいたようですが、「雑密」と呼ばれて、のちにお大師さまが正統を継いで伝える教えを「正密」として区別します。最近では、「雑密」もけっして断片的に入ってきたものではないという説もあります。

いずれにしても、お大師さまは『大日経』について、もっともっと深く知りたいと願う

気持ちが強くなっていきました。

山野で修行している間に体験した「不思議」の数々は、いったいどのようなことから現れるのか。明星が口の中に飛び込んできた衝撃は、お大師さまの新たな知性と感性を生み出したのでしょう。お大師さまには、生まれ変わったというほどの変化が起きたのだと、私は想像しています。

その衝撃で開かれた道に『大日経』はありました。そして、『大日経』が次の扉を開いたのでありました。

唐へ行こう。お大師さまは決意しました。このころの師といえば、おそらく勤操でありましょう。この師は、当時の都にあって三論宗では随一の知識を持っている大徳でありました。三論の経典は梵字が多く難解でしたが、それを読破する勤操大徳さえ、『大日経』を読み解くことができなかったのです。

このときの中国「唐」は世界帝国でありました。お大師さまは、日本に一部しか伝わっていなかったこの経典に、密教の真実の教えがあると確信して、留学を決意します。遣唐使に随行していく学問僧になろうというのです。

どれほどの力が動きましたか、お大師さまは正式な留学僧として認められました。おそらくは、叔父の阿刀大足や勤操などが動いたのでしょう。生家の佐伯氏の財力もお大師さまの留学を支えますが、留学には莫大な費用がかかりましたから、支援者がほかにいたことでしょう。

三十歳のお大師さまは留学僧として、二十年間を唐で学ぶこととされます。同じときに唐に天台の密教を学ぶことになった最澄は、日本での地位も確立していたので、通訳がつき、一年のちに遣唐使とともに帰国することが決まっている請益僧《しょうやくそう》、三十八歳でした。

嵐に翻弄された遣唐使の船

久米寺から唐への旅までの約八年間は、お大師さまの足跡がまた消えます。この時期に、お大師さまは留学のために猛勉強をしていたと思われます。留学への旅から、その力が発揮されますが、それは鮮やかな登場ぶりでありました。

西暦八〇四年春に出航して唐に向かった往路で、お大師さまの一行は暴風雨に遭いました。当時の日本の船は嵐に弱く、遣唐使の一行は嵐に翻弄されました。モンスーンに逆行して航海したのですから、遣唐使の船はいつも難儀しました。

このとき、お大師さまは帆柱に身をくくりつけて祈りつづけ、嵐が静まったと言い伝えられます。しかし、その結果一行は予定地から離れた土地に漂着して、外交使節だということがなかなか認められずに、都の長安へ入るのも遅れました。

それが、驚く結果を生みますが、まずは往路と同じく暴風雨に見舞われた復路のお話です。復路の難儀は、予想されることでした。

日本に向かう船は、案の定荒れはじめますが、お大師さまは遣唐使の高階遠成《たかしなのとおなり》に申し出ました。

「私は帰路の厄難除けにと、不動明王の尊像を一刀三礼を以って彫り上げています。師の恵果和上から伝授された秘法の呪法で不動明王を祈り、千尋の底の毒龍を降魔の剣で折伏いたします。どうぞ、お心安らかに」

この不動明王像は、恵果和上から与えられた木材を自ら彫って、和上に開眼加持をしていただいたものでした。「一刀三礼」とは、一彫りするたびに三礼するという、きびしいものです。

この尊像を船首に壇をかまえて祀ったお大師さまは、三鈷をしっかりと右手にもって、舷に立ち、しばらく黙祷《ぐふ》してから、これを高々と頭上にあげて、申しました。

「日本国土に密教弘布の相応地あらば、まさしくその地を点ぜよ」

そうして、これを東方の大空に向けて投げ上げました。のちのことに、お大師さまが高野山を修行の道場とすべく朝廷から賜ったとき、この三鈷が高野山の松にあったとも、地中から現れたとも言い伝えられます。現在も三鈷は、高野山の宝庫に保存されています。ともかく、この後、お大師さまは不動明王像の前に座して祈ります。すると、不動明王が剣を振るって波を切る形を示し、波はおだやかに静まりました。

この、高さ三尺二寸の尊像は、現在は高野山南院に安置され、国宝となっています。私は寺を開くとき、この波切不動尊こそ本尊にふさわしいと、同じ形の尊像を造って招来しました。

さて、往路に戻りましょう。暴風雨によって、お大師さまが乗っていた遣唐使の船は流されて、福州長渓県赤岸鎮という港にたどり着きます。

一行は役人に上陸の許可を求めますが、日本からの本物の外交使ではないと拒否されます。海賊の嫌疑をかけられたのです。そこで、藤原賀能遣唐使はお大師さまに福州の長官へ嘆願書を代筆させましたところ、筆跡も文章もあまりに見事だったので唐の役人が驚いて上陸を許可しました。しかし、許可したのは正使だけで、お大師さまに都の長安入りは許可されません。お大師さまは、今度は自らの願いをしたためて提出しますと、役人は若い留学僧がこれほどの手紙を書けるのかと驚いて、すぐに許可を与えました。

中国人も驚く文才と筆つかいは、この後で唐の朝廷でも評判になります。

ともあれ、お大師さまは、無事に長安に到着します。この留学を、真言宗では「唐に入る」と書いて「にっとう」と読ませています。「入唐求法」と申します。

待っていた恵果和上から「瓶《びん》から瓶《びん》へと余すことなく」教えが伝えられた

しばらくして、お大師さまは密教の正統であった恵果阿闍梨を訪ねます。

密教第七祖、徳のある恵果和上のもとには、中国だけでなくアジアの各地からも広く弟子たちが集まりました。しかし、お大師さまが長安に到着したときには、恵果和上は六十歳で、病身でした。

お大師さまは、西安寺という日本僧の拠点であった寺に、まずは入ります。ここで、サンスクリット語を学びます。さらに悉曇《しったん》の文字も学ぶなど、長安にいればこその知識を吸収します。通訳なしの留学が、かえってお大師さまに大きな成果をもたらしたのでありました。

私は、お大師さまの留学を思うとき、現代日本人の留学について思いを馳せます。海外の国に暮らして学ぶとき、どれほどの努力をしていることでしょうか。研究者として海外に出て、ノーベル賞を受賞するような学者もいますが、一方ではまずは基礎となる語学の力も足りずに日々を過ごしている人たちが多いと聞きます。なんともったいないことでありましょうか。学ぶことは、全身を耳とし、目として、その国の文化を吸収し、なお自分の研究を深めていくことでありましょう。

語学とは、文化を知らなければ真の理解はできないものであります。文化や伝統は形があるように見えて、じつは見えません。文化財など形にこめられたエッセンスや歴史が、文化であります。

お大師さまが長安で吸収したのは、知識はもちろんですが、唐に集まっている世界各国の文化文明であったと、私は考えています。恵果和上を訪れるまえに、長安に集まっていた世界の宗教に触れていたようです。イスラム教からキリスト教やゾロアスター教、古代インドのバラモン教まで、その探究心は果てることがありませんでした。

お大師さまは、ここで護摩を焚くことを学んだのです。お釈迦さまはバラモン教にある護摩を焚く修法を禁じたとされますが、密教ではこれを取り入れています。さらに、ペルシャの宗教でも火を焚いて祈っていました。お大師さまが「火の祈り」を学んで帰ります。それが、現代の私にも伝えられているかと思うと、炎のなかに遠い昔の長安やインドやシルクロードの面影が見えるような気持ちになります。

さまざまな宗教を身近に知って、お大師さまの知識はさらに広がりました。日本においても、儒教、道教、そして顕教について研究をして、『大日経』こそが真実の教えを説いていると究めていたのです。

当時の中国に在っては、国の名前も知る人ぞ知るというような東海の小国であった日本から、肩書も無い一人の留学生が訪ねてきたのです。その留学生の質問は、さぞ恵果和上を驚かせたことでありましょう。

初めての出会いを恵果和上は、お大師さまの肩を抱かんばかりに温かく迎えました。「待っていたぞ、よく来た、よく来た」と、対面を喜んだ様子が伝えられています。

そして、すぐに青龍寺に住まいを移すようにと言われて、お大師さまは恵果和上のもとで、教えを受けることになりました。

忽然と現れた東海の留学生が、あれよ、あれよという間に、恵果の門人の筆頭になり、阿闍梨というういわば密教の王位ともいうべき位を授かりました。これには、恵果和上の門人たちも驚きました。高弟のなかには不満をもらす者もいたのですが、恵果和上はこれを退けて、断固としてお大師さまを後継者として遇したのでした。恵果和上の前に現れたとき、お大師さまはすでに密教の神髄を学んでいたと、師は見抜いたのです。

瓶から瓶へと余すことなく教えが伝えられたと、お大師さまは書き残しています。完璧に教えが受け継がれたのです。

さとりは、年月の長さではかれるものではありません。順序を踏んでいるから、正しい教えであるとも限りません。恵果和上は、弟子がどこの国の者であろうと問題にせず、ひたすらその資質を大切にして、自分が伝えるべきことを全て伝えました。

まもなく、恵果和上は、この世を去ります。お大師さまは、予定を変更して、帰国する遣唐使と一緒に日本に帰って、真言密教を開いて教えを伝えました。一方、唐では間もなく仏教への弾圧が始まって、密教も衰えていきました。

そこに真実があれば、地域を越え、国を越えて理解しあい、信頼し合うことの貴さが、偉大な成果を生むのです。ものごとの本質をとらえるのが、「心眼」です。地域や人種を越えて、真実を見る。そのために、私たちは心を磨き、広く学ぶのです。

「平和こそが人類の幸せ」。国家の安泰を祈る密教

お大師さまが唐から持ち帰った密教は、国家の安泰を祈るところに一つの特徴があります。お釈迦さまのころの仏教は、国家よりも個人の心の救いを説きました。しかし、人間が社会をつくって生きる動物であるかぎり、国家と個人の幸せとは切り離すことはできません。

「この国家を護り、悟りの境地を明らかにするように」と、お大師さまは『性霊集《しょうりょうしゅう》』

でうたいます。

国家のために祈るので、民の心を後回しにしてしまうのではないか、とする声もありま す。そうではありませんで、国が安泰であれば、民は幸せに生きられることを、お大師さまはよく知っておいでだったのです。

国を問わず、時代を問わず、戦乱の世に、人々の幸せはありません。平和こそ、人類が幸せになる基盤なのです。

「転法輪菩薩摧魔怨敵法《てんぽうりんぼさつさいまおんてきほう》」という修法があります。

まさに国家危急のときだけに行われる秘法です。この世の全ての悪魔、怨念を打ち砕くための、最高の調伏法なのです。

これは、インドをルーツとする調伏法ですが、中国には不空三蔵が翻訳してもたらしました。不空三蔵は、恵果和上の師で、密教の祖の一人です。不空三蔵のことに触れてみましょう。

不空という名は、まるで「般若心経」のエッセンスのような名前です。密教の第六祖で、インド出身とも西域出身ともされます。父親がインドのバラモン、母親がサマルカンド、西域の人だったようです。両親を早くに失って、叔父とともに隊商として中国各地を旅して、十三歳で都の長安に入りました。

たいへんパワフルな僧で、唐の玄宗から三代の皇帝のもとで、密教を広めました。インドやスリランカへも旅を重ねて、膨大な量の経典を中国に持ち帰って翻訳しています。

私は、先年スリランカへ行ってまいりました。部族・宗教の争いが長く続いていたのが収まるというので、これまでその紛争で亡くなった方たちの慰霊を行いました。

遠い昔に、この地を不空三蔵が訪れて、密教の経典を求め、あるいは布教したのだという感慨を抱いて、なにか懐かしい気持で胸がいっぱいになりました。

唐で隆盛を極めていた密教の一大拠点であったのが、大興善寺でありました。不空三蔵は大興善寺にいました。

大興善寺は、六世紀後半に隋の文帝によって創建されたと伝えられますが、その起源はさらに三世紀後半の西晋武帝の時代にさかのぼるとも聞き及んでいます。不空三蔵は、八世紀半ば、この古刹に密教の根本道場を開いて、密教を教え広め、中国における密教隆盛の足がかりとしたのです。

お大師さまによって、密教が東海を越えて日本にもたらされて間もなく、唐では密教の流れは地中に埋もれていきました。まるで、砂漠の地下を伏流する西域のタリム河のように、密教の勢いは時代に飲み込まれていきました。しかし、千年の時を超え、大興善寺は現代まで命脈を保ってきました。

私は、この歴史ある寺で八千枚護摩供を修しました。平成十九年九月二十八日、日中国交回復三十五周年を記念して、完成したばかりの大興善寺護摩堂である金剛堂で、八千枚護摩供を執り行いました。一千二百三十年ぶりに中国密教の中心地で修したこの行は、一度は消滅し途絶えてしまった中国密教復活の足がかりとなった重要なものとして、日中密教の歴史に刻まれることになりました。

八千枚護摩供は、正式には焼八千枚護摩供と言います。まさに八千枚の護摩木を焼いて祈る真言密教最高の秘法であり、一生に一度成満できるかどうかと言われる荒行とされています。これを修すれば、大いなる霊験がつき、一切のことが成就するものだと伝えられてきました。

幾多の歴史の変転を経て、どれほどの苦難を乗り越えて法灯を守ってきたことか。いまに至るも大寺院として厳然と存立していることに、私は大いなる感動と、社会主義国で密教の教えを守っている大興善寺の僧侶の労苦に、衷心より敬意を捧げています。

国家護持の要素を強く打ち出した不空三蔵

さて、その不空三蔵は長安で名を知られるようになりました。皇帝から招かれます。玄宗皇帝は、狂信的とも言われる道教の信奉者でしたが、それでも、不空三蔵など密教の高僧たちを重用したのは、ひとえにその呪術の力が大きいためだったとされます。不空三蔵の大きな呪力には、とりわけ信頼が厚かったようです。

密教は、南インド一帯を中心に確立された教えです。お釈迦さまの原始仏教に、超古代から伝わるさまざまな呪術や宇宙観を取り入れて、「除災招福」を祈る民衆の心の拠り所でした。

不空三蔵は、経典を翻訳するなかで、国家護持の要素を強く打ち出しました。おりしも唐は政情不安の時代です。

とりわけ、唐帝国を震撼させた安禄山の乱ののちは、不空三蔵と玄宗、それにつづく皇帝たちとの結びつきはたいそう深いものになります。国家の安泰を祈り、呪術によって敵を滅ぼすその力を、皇帝たちがよく知ったのです。その効験を目の当たりにしたのだと、私は思っています。

不空三蔵が、なぜ国家護持を密教の教えに取り入れたのか、記録はないようです。私はその生い立ちとおおいに関係があると考えています。

人類の歴史は、栄枯盛衰の繰り返しです。いかなる大国も、永遠に繁栄を誇っているわけにはいきません。「万物流転」が、この世の生命。すべては移ろいゆくものです。

しかし、大きな国で暮らしていると、その変転に気付くことはなかなかありませんが、小さな国に生まれた者は、自分の国が滅びたり、他国に占領されたりという運命を体験していました。

不空三蔵は、インドからシルクロードに生まれ育っていますから、国というものを肌で感じていたのでしょう。国が滅びれば、民は財産を失い、ときには放浪生活を送らねばならかったのが、古代の人々でした。

時代は前後しますが、三蔵法師玄奘が経典を求めてシルクロードを歩いていたとき、しばらく滞在した高昌国という砂漠のオアシス国家がありました。なかなか栄えていた都市国家です。現在のトルファン郊外にいまも遺跡がある、よく知られた国です。

そこの国王に手厚く迎えられた玄奘三蔵は、王との約束を果たそうと、何年か経ってインドからの帰りにわざわざ遠回りして立ち寄ると、すでに唐によって滅ぼされていました。シルクロードでは、このようなことは決して珍しいことではなかったのです。

国家が安定していることは、そこに生きる人々が安心して暮らせる大切な要件だったのです。

安禄山の乱という、玄宗に対するクーデターによって、唐はいっとき乱れます。玄宗が寵愛した楊貴妃が殺され、乱が収まって、唐は再び息を吹き返します。

しかし、国力は見えないところから衰えはじめていたのです。不空三蔵は、さまざまな秘法を駆使して、唐帝国の安泰を祈りました。その祈りには、国家の安泰こそが人々の安心につながると信じていた不空三蔵の心からの願いが込められていたのだと、私は考えています。

その不空三蔵が訳した「転法輪菩薩摧魔怨敵法《てんぽうりんぼさつさいまおんてきほう》」を、お大師さまは日本に招来したのでした。不空三蔵は、すでに亡くなっていて、お大師さまと会うことはできませんでしたが、その弟子である恵果和上が、その教えの全てを受け継いでいたのです。

「早く日本に持ち帰って伝えよ」

思えば、世界帝国を護った最高の秘法まで、恵果和上はあますところなくお大師さまに伝授したのです。そして、日本に持ち帰って伝えよと言われました。

「早く郷国に帰って以て国家に奉り、
天下に流布して蒼生の福を生かせ」（『請来目録《しょうらいもくろく》』）

恵果和上の言葉にも、国家に密教の教えを捧げ、天下に広めて民の幸せとなるように生かしなさい、とあります。

恵果和上はまもなく亡くなり、唐における密教も唐帝国の弾圧に遭って消えていく歴史を考えると、恵果和上はその行く末を見通していたとしか考えられません。

国家を護るべき秘法は、唐が崩壊するときには、すでに日本に運ばれていました。おそらくは、これを修することができる弟子がいないことに、恵果和上は気付いていたのだと思います。

最勝最高の呪詛の修法を知りながら、唐帝国の滅亡を救えなかったとしたら、なんのための呪法か。そんな疑問を持つ人もありましょう。

恵果和上は、「生者必滅会者常離」の生命の理《ことわり》を、承知しておられたのです。おそらくは、自分の命運も終ろうとしていること、唐帝国は滅亡し、まもなく中国における密教は弾圧されるであろうことを見越していたのでしょう。生命あるものが必ず滅するのであれば、国家というものも、いつかはなくなります。

人間には元気で長寿を保ち、子孫も繁栄する人がいるかと思えば、若くして亡くなり、あるいは栄華の果てに没落して終わる人もいます。

同じように、国家もまた、人間の集合体でもありますから、寿命があります。どのような運命を辿る国家なのか、恵果和上はすでに唐帝国の行く末を感知していたのだと、私には思えます。

自分では、国家を救う力はもう残っていない。これまで教えてきた弟子たちも、巨大な帝国が崩壊するのをくいとめるほどの力をもった者がいない。それは、唐帝国が持つ運命なのだと、恵果和上は考えていたのでしょう。お大師さまの登場は、密教という真理を遺す道が開けたと、喜んだのではなかったでしょうか。

人間社会の、面白いところだと、私は歴史の組み合わせに感動します。

世界の宗教は、みな個人の心に在りますが、集合体になると、国家や民族を動かす力となります。神仏に祈り、それでも滅びていった国や村は数え切れません。しかしまた、祈りによって、滅亡の苦しみを耐えた人々もいたのです。

たくさん集めて、たくさんの人に分かつのが密教の大欲の教え

お大師さまは、唐に居る間に、密教だけでなく当時の世界帝国であった唐の文化を学んで吸収します。

語学はいうに及ばず、土木建築、おそらく錬金術、医薬についても新しい知識を学んでいたと思います。

のち、満濃池を造り、寺を造り、鉄や水銀の知識も、「長安の賜物」でありましょう。

お大師さまは、師の言葉に従って、予定を大きく変更して帰国の準備を始めました。そしてまもなく、恵果和上は病いを得て亡くなります。それから間もなく、唐の皇帝が密教を禁じてしまうのです。

空海は、恵果和上を見送って、日本に帰ってきました。西暦八〇六年のことでした。真言密教を開き、高野山に聖地を築いて、今日に至っています。

恵果和上がどのような人物であったのか。お大師さまが書き残しています。たくさん集めて、たくさんの人に分かつ。それが密教の「大欲の教え」です。

不空三蔵が南インドに『大日経』などを求めて行ったとき、龍智阿闍梨は献上された財宝を「私の宝は心だから」いらない、と言われました。しかし、不空三蔵も恵果和上もじつは、このような献上の品々を断らずに受け入れて、これらをすべて必要な人に分かち合うのだと、同じ祖の伝記を語りながら、お大師さまは伝えています。どちらがよくて、どちらが悪いと論じてはいません。しかし、お大師さまのその後の行動を見ていると、たくさん集めて、たくさん散じるという恵果和上たちの教えに従っています。

恵果和上が亡くなったとき、お大師さまはすでに後継者となっていたので、師を顕彰する碑文を書きました。こんなふうに述べておられます。

「恵果という方は、たとえ財宝や金銭を貢がれても、それらを貯えることをしない人でした。そのお金で大曼荼羅を建てたり、僧坊や堂塔の修理に使ってしまわれます。貧しい人にはご飯を与え、精神的に貧しい人には御仏の教えを授けて帰しました。物を与えてもよろしい。しかし、僧侶というものは、もともと物を施す者ではないから、財産を蓄えて、これに執着してはならない、と。そして、身分の高い人も、低い人も等しく御仏の教え、仏法を与えなさい。門を叩く人に対しては、初めは絶望して寺にくるのだから、門を出ていくときには、満ち足りた気持になって帰すお方です」

お大師さまは師の恵果和上を、このように讃えました。お大師さまご自身が、海を渡ってやってきた留学生でした。恵果和上の門を叩いて教えを乞い、その精神に和上は持てるすべての教えを、まるで瓶から瓶に移しかえるように注いだのです。

求めるものを、与えられるほどに持つ。それは物心両面において、大きく大きくなることなのです。

虚しく来たりて、満ちて帰る。

お大師さまの、この教えこそ、真言密教の本質を表していると思います。煩悩はいけないものだから、切り捨ててしまえと言ってもむずかしいものです。そして、切り捨てた煩悩は、どこへいくのでしょうか。ゴミになって捨ててしまえばよい、という発想に、密教の先達たちは、異を唱えたのだと、私は解いています。

虚しく来たりて満ちて帰る

煩悩を、どうやってよい生命力に変えていくのか、それが「大欲」の教えです。「五大願」といい「大欲」といい、密教は「大」が好きです。そもそも「大乗」とは、宇宙が小さなものではない、みんなで乗っても壊れないほどの大きいものだから、大きな乗り物という発想になるのです。

願って願って願って願って願って、求めて求めて求めて求めて求めて、得たもの全てを他者のために施して、大きな大きな乗り物に共に乗って彼岸に至るのです。

我が心が満たされないで、どうして他者と手を携えて満ちることができましょう。我が満ちた思いを他者と分かつ。そこに、無限の功徳が表れます。それが「大欲」「大願」の教えです。

知識を施すことが出来る人は知識を、労力を施すことが出来る人はその労力を、財ある人は財を、時間を持てる者は時間を、徳ある人は徳を、笑顔ある人は笑顔を、精一杯施せばよいのです。ただ、手をとって安心してもらうという施しもあるのです。

何も持たない人はいません。困っている人がいたら、自分に何が出来るのだろうかと、我が身の可能性をよく見直してみれば、きっと他者の役に立つことが見つかります。

そうしてみれば、自分も生きている価値があることがわかってきます。

何も出来ない、何も役に立たないと、ひきこもっていないで、何が出来るのか、一つでもいいから見つけてほしいと、私はいつも世に問うているのです。

元気の素は、他者の幸せを祈ることです。それが、知らず知らず、自分の充足感となって、我が身の幸せになっているのです。

他者のために使えるものは限りなくあります。心の循環です。社会に、相手を思う心が人から人へ、スムーズに流れていれば、安心して暮らすことができます。

しかし、自分のためだけを考えていると、そのものやことが無くなってしまったらどうしようと、不安になります。

施しとは、見返りを期待しない行為です。何かが足りなくて困っている人に、何かを分けてあげたのですから、その人から同じものを返してもらおうと思っていたのでは、なかなか成果があがりませんね。あなたが、足りなくて困ったと思っているものやことは、別の人や方面から救いの手が差し伸べられるものです。あるいは、同じ人でも、忘れた頃に恩返しをされることもあります。他者に施すときは、祈りと同じく「無心」ですることが大事なのです。施された人は、またできることを、足りない人に施す。しかし、助けてもらったお札は、相手にしっかりと伝え、さらに胸に刻んで人生の糧とするのです。

戦後の日本で精神的な荒廃が進んだのは、それまでの「助け合い」の気持ちから、自分主義になってしまった結果であろうと、私は解きます。目先のことに追われて暮らすので、「遠きを追う」視野も持てず、「終わりを慎む」気持ちのゆとりもなくなってしまうのです。ご先祖の供養も後回し、戦争のことを思い出して考えることも忘れて生きている人の、なんと多いことでしょうか。

お大師さまが学んだのは、密教正統でありますが、師から師へと受け継がれた教えの基底にある先達が生きた時代の流れや文化であったと、私は信じています。それは、見えない世界からのメッセージでもあります。

お大師さまが唐から帰国され、高野山を開創されて千二百年、平成二十七年には記念大法会が営まれます。しっかり受け継がれてきた教えを守り伝えようと、私は改めて身を引き締めています。

虚しく来たりて満ちて帰るというお大師さまの留学の成果「長安の賜物」こそ、私たちの生きる道の原点です。

親が子を愛すように、多くの人々とともに、苦楽を共にしながら、御仏を信じ、お大師さまの教えを奉じて生きて参りましょう。

四

お大師さまの祈りで護られた平安初期の世

帰国した日本も国家が大揺れのとき

二十年という長い歳月を予定していたものを、わずか二年ほどで帰国したのでありました。

密教の正統、つまりは正しい後継者として秘伝の全てを伝授されたお大師さまに、「教えの全てを日本に持ち帰って伝えよ、国家に密教の教えを捧げ、天下に広めて民の幸せとなるように生かしなさい」と、師の恵果和上は言われました。

国家を護るべき秘法は、唐が崩壊するときには、すでに日本に運ばれていました。私は、人と人との出会い、師と弟子との縁を思い、智慧が川の流れのように人から人へと受け継がれていく、人間が織りなす歴史の組み合わせに感動します。

お大師さまが帰国した日本もまた、歴史の荒波に国家が大揺れになっていました。

「大同二年をもって、我が上国に帰る」

『空海僧都伝』は、こう記していますが、日本へ帰ってきたのは、前年の十月でありました。九州筑紫、現在の福岡県に帰ってきたのです。お大師さまが同道した遣唐使一行の船は、帰路も嵐に見舞われましたが、お大師さまの一心の祈りで無事に乗り切りました。

しかし、お大師さまを待ち受けていたのは、驚くような「政変」の報せでした。大同元年、西暦八〇七年三月十七日に桓武天皇が崩御され、平城天皇が即位していました。

お大師さまは、京の都へ向かわずに、大宰府の観世音寺に入り、持ち帰った仏像、曼荼羅、経典や法具を整理してまとめます。

一説には、留学期間を切り上げて帰国したために罪に問われたという説もありますが、記録はありません。おそらくは、新帝に代替わりして、朝廷が落ち着いていなかったことが大きな原因でしょう。政情が安定していなかったため、帰京するようにという御沙汰が下りるまでに時間がかかったのでした。

同じく、『空海僧都伝』には「四朝を経て」という言葉があります。四代の天皇に仕えたということです。平安時代の始まりの天皇とともに、お大師さまは密教を日本に広め、仏教の土台を固め、平安という安定した時代の心を護ったのでありました。

お大師さまは、ようやく京にのぼって、朝廷に帰朝の報告をします。

平安朝を開いた桓武天皇が亡くなって、息子の平城天皇が即位しました。遺言によってその弟が皇太子になりました。のちの嵯峨天皇です。

お大師さまは京に入って平城天皇に拝謁し、密教を流布するようにと宣下を賜りました。

その足で叔父の阿刀大足を訪ねたとも伝えられますが、その行方はわかりませんでした。

その頃、朝廷は大きな嵐の渦中にあったのでした。

伊予親王は、かつてお大師さまの叔父である阿刀大足が、侍講として仕えた親王でありましたが、濡れ衣を着せられてとらわれてしまったのでした。背後に、台頭する藤原氏内部の争いがありました。

平城天皇は、意欲的に改革を始めます。しかし、即位の翌年に弟の一人・伊予親王が謀反を企てたとして、その生母とともに逮捕して自殺に追い込みます。

阿刀大足も失脚し、お大師さまが京にすぐ戻ることができなかったのは、こうした背景があったようです。

それは、帝の疑心暗鬼が起こした疑獄事件でしたが、まもなく起こる国家騒乱のきっかけにもなりました。

嵯峨天皇から絶大な信頼を得ることになった国家護持の護摩

このころ、日本は洪水の被害から疫病が流行り、死者が多数出て、人々の心に不安が広がっていました。そこに、邪教までが広まりだしたのです。

農村は疲弊しているのに、朝廷は権力抗争でまとまりません。争いのもとは、平城天皇の恋人でした。これが、藤原薬子です。平城天皇が皇太子時代に、問題はさかのぼります。

薬子は、高級官吏であった夫との間に五人の子供がいました。その長女が、皇太子のちの平城天皇の后になったのです。しかし皇太子は、お母さんの薬子に惹かれてしまったのです。

二人の恋愛は、桓武天皇の知るところとなって、薬子は遠ざけられましたが、平城天皇は即位すると、薬子を朝廷に入れます。后とすることができないので、「尚侍《しょうじ》」という女官長のような役につけたのです。薬子はその兄の藤原仲成とともに、朝廷で実権をにぎります。

しかし、まもなく天皇は病気になって、なかなか治らないので、帝位を退くことにしました。冤罪ともされる伊予親王の怨霊のせいだと考えたのです。大同四（八〇九）年四月のことでありました。新帝は弟で皇太子だった嵯峨天皇です。

大同五（八一〇）年九月、薬子の乱というものが起き、動乱が早く鎮静するようにと、お大師さまが調伏の祈りを行ったことが記録に残っています。

嵯峨天皇は、平城天皇の改革を元にもどそうとします。先帝と嵯峨天皇との対立がしだいに深まって、先帝は旧都の平城京に移ってしまいます。そして、とうとう薬子とともに先帝は兵を挙げました。

乱は、すぐに鎮圧されて、薬子は自害、先帝は出家して終わりました。

嵯峨天皇もまた、乱の前から体調がすぐれず、これも怨霊だといわれていました。

お大師さまが、乱の平定を祈って、すみやかに終息したことが、嵯峨天皇の信頼を深くしました。

お大師さまの脳裏には、恵果和上から聞いていた唐の玄宗皇帝と楊貴妃の末路が思い浮かんだことでしょう。楊貴妃は、もとは玄宗皇帝の皇太子の后の一人でした。玄宗はいろいろ手を打って、自らの妃として寵愛し、その一族を取り立てます。

それが政治の乱れになって、ついに安禄山という家来に反乱を起こされたのです。

嵯峨天皇とお大師さまは深い絆を結んでいきました。お大師さまが、唐で身近に知った玄宗皇帝と楊貴妃の悲話を、嵯峨天皇に語ったことでしょう。この反乱にあたって、お大師は国家護持の護摩を焚き、嵯峨天皇から絶大な信頼を得ることになりました。

国家を指導する皇帝が、政治を正しく行わなければ、苦しむのは民衆です。お大師さまは、必死に祈ったことでしょう。

薬子の乱を平定してまもなく、お大師さまは、高野山で、国民安定のために長期の法要を修します。

嵯峨天皇の病気平癒の祈祷もされました。のちに、疫病が大流行したときには、『般若心経秘鍵』を講話して、祈りました。

「鎮護の基、大師の加持力に非るはなし」

「鎮護の基、大師の加持力に非るはなし」と、後宇多天皇がのちに書かれた『弘法大師伝』にありますように、お大師さまの法力は宮中に絶大なる信頼がありました。

お大師さまが、国家のために、特別に壇を設けて法を修されたのは、五十一回に達しています。

あるいは、正月の宮中で行われていた御斎会《みさいえ》を廃して、真言密教による後七日御修法《ごしちにちみしほ》の祈願を修するよう進言して容れられました。

僧侶を召して、読経するだけでは、「病人に向かって薬の処方や効能を説きたてるに等しく、それでは気休めにはなっても病いは治らぬ。三密加持の秘法によって、神秘実在の仏の生命に直参し、それを通しての祈りこそまさに薬を施して病いを治すものである」と、帝に申し上げたのです。

この「後七日御修法」は、現在も続く真言宗の最も重要な儀式です。
「後七日御修法」は、正月に七日間、宗派の主だった高僧たちが、天皇の御衣に祈りを込めます。人々が安心して暮らすことができるように、国家の安定と世界の平和を祈ります。西暦八三四年に、お大師さまが始めたものを、ずっと千二百年も続けてきたものです。

人々が安心して暮らすことを「万民豊楽」といいました。豊かで楽しんで生きることが、幸せの種だということは、今も昔も変わりません。そのために、「五穀豊穣」つまりは作物が実ること、そして国家を治めていた天皇の安泰をと、年初に祈ったのです。

私は平成二十二（二〇一〇）年正月に、高野山金剛峯寺の定額僧《じょうがくそう》として、「後七日御修法」に出仕させていただきました。たいへん光栄なことでありました。

大阿闍梨・高野山金剛峯寺座主猊下はじめ御先達のお導きの下《もと》で、十四人の供僧の一人として、二十一座の秘法を修法させていただき、なかんずく増益護摩供をも無事に奉修させていただくことができました。

この七日間の京都は世界的な寒波に見舞われた厳寒ではありましたが、連日の好天に恵まれました。
「天朗らかなるときは即ち象を垂る」（『三教指帰』）と、お大師さまの言葉が思い出されました。私は行とともに人生を歩んでまいりましたが、このほどの御修法は、格別の感応を得た思いでありました。

歴史を重ねた護摩供を修しておりますと、隣にお大師さまがおられるような心強さを感じたのです。

幼少の頃から両親とともに日々、国家安泰や世界平和、人々の幸福を祈り続けて参りましたが、お大師さまがいっしょに祈って下さっていると感じた私は、まるで幼児のように全身全霊から歓喜が湧いてきたのであります。

これが、お大師さまが「宮中真言院の正月の御修法の奏上」の中で説いておられる「醍醐の妙味」というものかと、僭越ながら、思わず思ってしまったのでありました。

祈りがすべての土台であるという信念によって、お大師さまは不安定だった平安朝の日本を護ったのです。

高野山を開き、東寺を賜って護国祈願の法域とした

嵯峨天皇は、お大師さまと親交を深くしていました。密教の師であるだけでなく、書家としての交流をはじめ、文化人として心を許す間柄になったのです。

譲位して、淳和《じゅんな》、仁明《にんみょう》の承和の変が起きるまでの三十三年間というものが、天皇がみ

ずから政治を執った安定期になりました。政変が起きるのは、お大師さまが入定されて七年後のこと、平安初期の基礎は、お大師さまの祈りによって護られていたと、私は思っています。

お大師さまが活躍された平安時代の朝廷は怨霊の話がたくさん出てきます。

日本の神社のなかには、こうした朝廷に対する怨霊を鎮めるために建てられたものがたくさんあります。

それは、昔の人たちが、非科学的な思考をしたから怖がったのではなく、怨みを抱いてさまよう霊たちの存在を、しっかりと認識していたからだと思います。

お大師さまは、中国から帰国されて、怨霊たちを鎮めるための祈りを続けました。その祈りは、霊を慰める慈悲の心がありました。さて、お大師さまは、まず和泉国槇尾山寺に滞在し、その後、高雄山寺（後の神護寺）に入りました。薬子の乱の翌年には、乙訓寺の別当を務めました。

さらにその翌年に、高雄山寺で金剛界結縁灌頂《こんごうかいけちえんかんじょう》と胎蔵灌頂《たいぞうかんじょう》を開壇しました。入壇者は天台宗を開いた最澄はじめ百九十名にのぼったと伝えられます。

以後、お大師さまから灌頂を受けた人は数万人に及び、「灌頂の風、わが師より始まり、真言の教え、この時に立ちぬ」と、『空海僧都伝』は記しています。

高野山を朝廷から賜って修禅の道場とするのは、弘仁八（八一七）年になります。

「願わくはこの介福をもって

国泰らかに人蓄《さか》え」（『請来目録』）

お大師さまはことあるごとに、繰り返します。国家存亡にあたっては、呪詛もふくめたあらゆる祈りをするように、との願いでした。

お大師さまは、高野山を開くときに、朝廷にこの地を賜りたいと願い出ました。

「上は国家の奉為《おんため》に、

下は諸《もろもろ》の修行者のために」

俗界を救済するためには、まずは俗界を離れた地で修行しなければならないのです。その救済とは、国家のため、すなわち民のためなのだ、とされました。

お大師さまは国家を護るために、さまざまなことを成し遂げました。

高野山を開き、教王護国寺とした東寺を賜って護国祈願の法域としたことを始めとし、お大師さまが国の安定を祈りつづけたことは私たち真言宗の僧侶にとって、忘れてならない教えです。

お大師さまの力にすがって修築された讃岐の満濃池

「風を息《やす》め、雨を降《ふら》し、霊験その数あり」

それが、日本に帰国してからのお大師さまを語る言葉であります。

四国の山間に早明浦《さめうら》ダムがあります。そこは高知県ですが、ダムの恩恵をもっとも受けているのは、香川県だと聞きました。

雨の少ない年には、この早明浦ダムの貯水量に関心が集まります。平成十七年の夏は、底の土まで干上がって、ダムに沈んだ村の建物までも無残に見せました。

最後の手段として発電用の水が放出されました。非常事態です。

香川県といえば讃岐の国、お大師さまの生まれ故郷です。瀬戸内式気候といって、ここは降雨量が少ないのです。そのうえ、水持ちのしない土壌とあって、灌漑用水が確保されなければ、稲作はなかなか難しい土地なのです。海を挟んでの広島県と兵庫県も香川県と並んで、池の多いところです。香川県には、現在も一万六千もの溜池があって、この水を使って田植えをします。

稲作に欠かせないこれらの溜池は、お大師さまの当時から、すでにこれくらいの池があって地元では「お大師さまが造った池」と伝えられて、大切に手入れをしながら保存されてきました。現代は、減反政策によって田畑は減ったが、そのところどころに、いまも溜池が残っています。

さて、そのなかでひときわ大きく、湖のようだと称されてきたのが、お大師さまが修築した満濃池でした。

「満農の池いけとはいわじ海原の
　八十島かけて見る心地して」

と、歌に残ります。かつては三千五百町歩の田を潤していました。

お大師さまが誕生した善通寺から、海を背にして十キロほど山地に向かっていくと、二百メートルほどの高さに巨大な満濃池があります。この池は、三方を山で囲まれて侵食された谷をなしていて、北方だけが平地に向かって口を開けた地形です。周囲は二十一キロに及び、上空からみると、熊手で山をひっかいたようにもみえます。

この北方の開口部に堤防を築いたのが、お大師さまでした。

西暦八百十二年、お大師さまの元に、故郷の讃岐から、必死の願いが届きます。真野と呼ばれたこの地にあった溜池が、三年前に大決壊して、被害を出したが、国司の修復工事がはかどらず、そのうえ、また洪水が起きるというわけで、困っているというのです。

国司といえば、今でいう県知事ですから、官の事業がうまくいかなければ、農民たちに打つ手がありません。田畑は荒れるばかり、さらには池をそのままにしたのでは、また洪水の恐れがあります。

とうとう、お大師さまの力にすがろうと、地元は決めたのです。

お大師さまは、このとき四十八歳、真言密教を確立するために心血を注いでおられましたが、いっときこれを離れて讃岐に赴きました。「築池別当」という官職を朝廷から賜って、大規模な土木工事にとりかかります。

まずは、地形を調べました。この満濃池は周囲三十六の谷からの水を集めています。雨期ともなれば、水かさが急激に増して、コントロールが難しいところです。

お大師さまは、地元の人たちから熱狂的な歓迎を受けました。まるで、父母を慕うように、百姓たちがお大師さまの元にはせ参じたと、記録に残っています。

お大師さまは、工事を始めるにあたって、「土工地鎮」の秘法を修しました。いまも、お大師さまが築いた堤防から突き出した小島が、護摩を焚いた地だと、伝えられます。

お大師さまは、ことあるごとに護摩を焚いていたことが、記録に見られます。人生を護摩の炎とともに生きてきた私にとって、お大師様の護摩行は、いつも心の内にあって励まされています。お大師さまがともに護摩木を火に投じて祈って下さると、信じているのです。

さて、満濃池に突き出した大きな岩は、お大師さまの護摩壇だったとして、「護摩焚き岩」と呼ばれています。ここで一週間、お大師さまは、梵焼《ぼんしょう》を執り行ったのでした。

一つに、仏天の御加護を祈る。

二つに、不幸災難から逃れるように。

三つに、願望成就。

この御祈祷を済ませると、集まった人々に向かって、朝廷の命によって工事を担当すること、仏さまの御加護と上下一致して協力すれば、かならず工事は成功すると、語りました。集まった人々は、お大師さまがこのように力強く、温かくお話するので、すっかり力が湧いてきて、喜んで工事に加わります。老若男女の別なく、みな鋤を取り上げ、土を運び、それは大きなパワーとなって、工事が進捗したのです。

そしてお大師さまは、六月に着任して九月には帰京するという、まことに手早い工事のうえ、その修築は、のちのちまで池を守ってきたのです。

優れていた最先端の土木知識と霊力

お大師さまの修築から時代をはるかに下る徳川末期に決壊して、満濃池の修復が行われました。千年も経っているのですから、大規模な工事が必要になったのでしょう。しかしその工事には、周辺の三つの藩と庄屋や技術者たちが力を出し合って、十六年もの歳月を費やしました。それを考えても、お大師さまの土木知識が、どれほど優れていたのかが、うかがわれます。

現代の専門家も、お大師さまの築堤の工法の基本は、いまと変わらないといいます。お大師さまが築いた堤防は、当時には見られなかった「アーチ型」で、池に向かってゆるやかな弧を描いて突き出しています。水の力を分散して受け止めるものですが、これを見ても、お大師さまが唐で学んだ最先端の技術だったことがわかります。

さらに、もう一つの工夫は、「余水吐き」という貯水量を調節するものです。雨期に水かさを増す池に調整溝のような設備をつくって、コントロールするのです。

讃岐の地では、いまは「ゆるぬき」といって、毎年六月十日すぎになると、いっせいに満濃池の水を放流します。季節の行事になっているのです。

田んぼの水だけでなく、麓では井戸水までたっぷりになるそうで、私はこの話を聞いて西域のオアシスを思い出しました。

天山山脈から長い地下道を掘って、灌漑に使うのです。お大師さまが留学した唐の時代は、西域からの知識がどんどん入っていましたし、なにより密教を伝えたのが、その西域の僧たちでしたから、お大師さまが最先端の土木工学を学ぶことは、自然の流れだったと思っています。

中国には「万里の長城」があります。宇宙船からも見える歴史の遺産です。そのルーツは、じつは始皇帝より前の春秋時代の斉国にあるともいわれます。斉国は黄河が流れていて、治水に力を入れていました。この堤防が長城の発想につながり、斉国から長城の建設が始まったそうです。

のちの歴史書「史記」には、「険を用いて塞を制す」とあります。

「険」とは、「箱根の山は天下の険」と歌われるように、けわしい山のことです。つまり、万里の長城は、地形を調べてこれに沿いながら、これを利用して要塞とする、と述べているのです。

まさに、讃岐の「険」を用いて、満濃池という水の要塞を築いたのが、お大師さまだったのです。

しかし、その精巧な技術だけでは、失敗もある。一週間に及ぶ修法こそ、この修築を成功させた、大きな力でありました。

お大師さまは、この地形を見たとたん、いや修築の話がきたとたんに、どこをどのようにすれば、工事を成功させることができるのか、すでにわかっておいでだったと思います。お大師さまの「霊力」であります。

私の亡くなった母、智観尼の霊力を私は幼いときから知っていました。

母は、生まれつき霊感の強い人だったそうです。中年になって行を始めた父と夫婦で、はげしい行を続けました。

母の出身地である指宿は、古来には、「ヒメ」「クメ」「ハヅ」などと呼ばれた女性呪術者がいて、敵が侵入してくると、彼女たち「呪術軍団」を先頭に押し立てて呪術の掛け合いをした、と『続日本紀』に書かれた土地です。ときには、この呪術合戦だけで勝敗が決まるほどの成果をあらわしたそうです。

母が、その末裔でないとはいいきれないと考えています。それほど、母の法力は強いものでした。なかでもロケットやら自動車やらと、現代文明の機器の内部の故障や齟齬を、的確に言い当ててしまいます。母のイメージは、とても具体的なものでした。それが「霊力」というものだと、私は身を以って知っていたので、お大師さまの「霊力」がどれほど大きなものだったかと、いつも畏敬を込めて感謝の祈りを捧げています。

お大師さまが、土木工事の進め方や設計を成し遂げる力を持っておられたことは、間違いないことだと、私は確信しているのです。雨乞いのお話を、すでにいたしましたが、お大師さまは祈りと実践とを、このように合体させながら、人々の暮らしを守っていたのです。

水が、どれほど大切なものか。お大師さまは、よくわかっておいででした。

水を見つけることも、雨乞いも、みな御仏に響く祈りの結果

お大師さまは、土木工事だけでなく、地下水脈をみつけ、ときには「燃える水」つまりは石油も発掘しました。伝承を少しひろってみましょう。

ある晴れた秋の日、お大師さまは行脚して阿波日和佐の在所にやってまいりました。いまの徳島県です。あいにくの日照り続きで、川には一すくいの水もありません。たまたまみすぼらしい身なりをした一人の村女が、遠く離れた山の渓谷から、谷川の清水を桶に汲んで、我が家へと運ぶ途中でした。

お大師さまは、その女性に声をかけます。「まことに申しかねるが、その真清水を一杯

ご馳走しては下さるまいか」

お大師さまの申し出に、女性は答えます。

「はい、今日は私の亡くなった母の祥月命日に当たります。幸いにも出家沙門のお方にお接待ができて、こんなに嬉しいことはありません」

真実の情が額に現れているのを見て、お大師さまは、その純真な追善供養の心をよろこばれて、彼女にお加持をされました。するとどうでしょう、涸れていた川原に、たちまち清流が躍り出て、こんこんと尽きなかったといいます。「母川の伝説」といわれる言い伝えです。

あるいは、お大師さまが北国行脚に出た折のことです。

越後の草生津の里で、貧しい女性の家に泊めてもらいました。そのお礼にと、門前の地から湧き出す水をさし、これは「燃ゆる水」であるから、燃料にするようにと教えたことが伝えられます。石油のことです。

お大師さまが、その杖をトンとついたら、そこから水が噴出して、村が日照りから救われた。そんなふうに、全国には、お大師さまによって見つけられたと伝えられる水脈、温泉、あるいは筑豊の石炭にいたるまで、伝説が数多くのこっています。

水を見つけることも、雨乞いも、みなみな自然と交感して、御仏に響く祈りの結果、ご利益であります。

　桓武天皇は平安京を創ったとき、神泉苑という庭園を造りました。いまも、二条城南に小さくなって「史跡」として残っていますが、平安京が出来た当時は、南北四百メートル、東西二百メートルという広大な庭園だったのです。

　中ノ島のある大きな池があり、高殿が建っていたようです。

　ここは、桓武天皇、平城天皇そして嵯峨天皇と、お大師さまの時代の帝がしばしば憩いを求めて訪れた庭園でした。

　しかし、ここは、お大師さまが干ばつを治める雨乞いの祈祷をした神聖な地としても扱われていたのです。

　お大師さまは、「秋日神泉苑を観る」と題して、この庭園を歌っています。

　現代の言葉に訳しておきましょう。

「神泉苑を散策して、季節の変化を観察すると、心はうっとりして、帰る気にならない。高い台閣は神様が造られたようで、人間の作とは思えないほど見事なものだ。

　鏡のような池は澄みわたり、日の光を包み込んでいる。

　鶴は天にまで聞こえる鳴き声をたて、御苑に馴れた様子だ。

　コウノトリは、羽をしばらく休めたあと、いまにも飛び立とうとする。

魚は藻草の間を泳ぎまわって、時々釣り針を飲み込んでいる。

鹿は叢の奥で鳴き、衣は露に濡れる。

天がける鳥も苑に住む魚や鹿も、天子の御徳を感じ、秋の月と秋の風が、賞でる人もないのに扉のなかに入ってくる。

鳥や獣は草をくわえたり、粱をついばんだりして、そこら中におり、ゆったりと連れ立って舞い、深遠な道理のなかにいる」

自然と人とは溶け合って、月や風までも、あるがままに楽しんでいる光景が、鮮やかに浮かびます。

嵯峨天皇と目指した、戦さのない、芸術に親しむ世の中

桓武天皇は二十七回、平城天皇は十三回、嵯峨天皇は四十回、淳和天皇は十回も、この庭園を訪れています。

それは、ただ遊びにきたのではなく、あるいは霊気を授かって、パワーをつけるためだったのではないか、とする説もあります。

神泉とは、これもシルクロード、崑崙山脈から流れ出る四水を天帝の神泉と呼ぶそうで

道教と密接な関係があるともいいます。

この神泉苑での雨乞いが、嵯峨天皇とお大師さまの信頼をいっそう深めたのでしょう、このお二人が、平安朝の文化の土台を築いたといえるでしょう。

嵯峨天皇は、漢詩を作り、日本の名筆家として数えられるほどの書家でもありました。平城天皇は、極端なほどに唐を真似した政治体制を作ろうとしましたが、嵯峨天皇は、これを改めて、日本に合うようにしました。しかしながら、自ら政治を執るというよりは、官僚に任せながら実権を握っている、優れた資質があったと伝えられます。

その一方で、宮廷サロンをつくり、その文化を土台とする平安朝はここから生まれたということがいえます。そこにお大師さまは関わり、天皇とともに文化を深める役割を果たしています。

のちのことですが、平安王朝文化のなかから、紫式部の『源氏物語』や清少納言の『枕草子』が生まれます。世界に例を見ない高いレベルの女流文学は、現代になって欧米で再評価されています。同じ時代のヨーロッパは中世の「暗黒時代」、女性が感性豊かに恋愛小説を書いたり、日常に鋭い観察をしてエッセイを書いたりするような社会ではなかったのです。

文化は、平和の土台です。戦争ばかりしている殺伐とした社会では、深い文学も見事な絵画も音楽も育ちません。

お大師さまと嵯峨天皇が目指したのは、まさに戦さのない、自然を愛し、芸術に親しむ世の中だったのです。

その象徴が神泉苑だとすれば、お大師さまの詩を流れる神聖な安らぎの空間こそ、万民に味わわせたい桃源郷だったのでしょう。

嵯峨帝は、平安初期の骨肉あい食む宮廷抗争を勝ち抜きました。その后、檀林皇后は、失脚した橘氏の出身ですが、そうしたハードルを越えて、ついには権力を掌中に収めて安定政権を打ち立てたのでした。

京都で人気の高い嵯峨野は、この帝に縁の深い史跡が散在している土地です。また嵯峨天皇は、たいへんな艶福家で子供が五十人ほども出来ました。それらの多くが臣下となって「嵯峨源氏」の家系をつくります。自らの勢力を守るために、子孫を増やそうとしたという説もあります。

力強い帝の後援を得て、お大師さまは真言密教を開き、広めていったのでした。

五

言語の天才・空海

唐より持ち帰った、おびただしい経典や曼荼羅、仏像や法具

お大師さまが日本に持ち帰ったのは、密教だけではありませんでした。唐帝国に集まっていた「世界の文化」を吸収してきました。それらを、私は「長安の賜物」と呼ぶことにしています。

しかし、中心は何といっても、おびただしい経典や曼荼羅、仏像や法具などでありました。お大師さまは、唐に向かったときには、二十年間滞在する予定で多額の費用を持っていましたが、曼荼羅や法具の作成、経典の書写などにそれを惜しげなく使っていました。さらに恵果和上から贈られたものもあります。

帰国するために、越州に到着したお大師さまは、唐の役人である越州の節度使《せつどし》に書状を送って、長安で手に入れることができなかった経典などを求めました。

「私は長安城の中にあって写し終えることができた経・論・疏など合計三百余軸と大悲胎蔵と金剛界などの二大曼荼羅の尊容を精根をつくして、財力を涸らして追い求め、描き写しました」

そう書いて、「儒教・仏教・道教の三つの教えのうち、経・律・論・疏・伝記から詩・

賦・碑・銘・卜占・医学の書物、さらにインドの五つの学問である五明に収められている教えで、人々の知識を開発し、人を救うことのできるものを」集めてほしいと要請したのでした。

お大師さまは、日本からやってきた使節の高階遠成とともに帰国します。高階遠成は、唐の徳宗皇帝の崩御の後に、新帝の順宗皇帝の即位を祝うために、日本からやってきたのですが、順宗は即位後まもなく崩御し、憲宗皇帝に代わっていました。弔意の使者ともなり、憲宗皇帝に拝謁して役目を果たしたのでありました。お大師さまは、この高階使節にいっしょに帰国させてほしいと願い出ます。

そして、お大師さまは高階使節を通じて、唐の皇帝に帰国の許可を願いました。皇帝は、「この念珠をもって朕の形見であると思え」と言って帰国を許可しました。

皇帝からも信頼されていたお大師さまの名声は、越州にも届いていたので、このような願いができたのでありましょう。

留学生が二年余りで帰国するなど、前代未聞のことながら、お大師さまは許されて帰ります。さらに、この後三十年も遣唐使はないので、このチャンスを逃せば、お大師さまの早期帰国はかなわなかったのでした。

高階遠成らとともに九州筑紫の大宰府に到着したお大師さまは、まずは、高階遠成にたくして、朝廷に中国から持ち帰った品々をリストアップした「請来目録」を提出します。その日付が大同元年十月二十二日とありますので、帰国の時期がこのころだったとされているのです。

新訳の経典など二百十六部、四百六十一巻、金剛界、胎蔵界の大曼荼羅など十鋪《じゅっほ》、仏菩薩金剛天の像、法具などを上奏文に目録を添えて、留学の成果を報告したのでした。

お大師さまが越州に到着したちょうど一年前に、最澄は天台山での学問修得を終え、越州に立ち寄りました。最澄はここで密教の灌頂を受けて百二十部百十巻の経典を得ましたが、これは正統密教ではありませんでした。帰朝後に、最澄がお大師さまに密教経典の貸与を申し出て、やがて食い違いが生じますが、それは後のことになります。

お大師さまは大宰府観自在寺に留まって、唐から持ち帰った経典類の整理をし、ここで密教という新しい教えについて思索し、その体系を思考していたのでしょう。しかし、この滞在中の史料は、何もありません。

お大師さまが持ち帰った経典類はすでに日本に伝来されているものは省かれていて、重複するのはわずかに四部だけだということです。つまり、お大師さまは日本にあった経典類を全て調べたうえで、唐で新たなものを集めたのです。独力で、短い期間にこれほどの偉業を成し遂げたお大師さまという師の力を思い知ります。

お大師さまは、唐からたくさんの経典を持ち帰りました。それらを書き写して広めたいと考えますが、なかなかはかどらなかったようです。地方の寺に、写経を依頼する手紙が幾つも残っています。

「このままでは風前の灯明が吹き消されるように、新しく伝えた真言の教えも、はかなく消え去ってしまいかねません」

（『高野雑筆集《こうやざっぴつしゅう》』）

そう書いて、貴重な香を添えて、写経を頼んだのです。そのお大師さまの意志のおかげで、私たちはいまも伝えられた経典を学ぶことができるのです。

最近は写経がさかんです。その道具立てもずいぶん凝るものが登場しているとも聞きました。しかし、写経とは、とくには「般若心経」を書き写すことが行われていますが、ただお経の文字を書き写すばかりではなく、一字一字に、心を込めて行うものなのです。

昔の僧侶は、写経をするにあたっては、一字ごとに五体投地の礼をしては筆をとったとも伝えられます。

密教流布の勅許を得て、大日経の教えを講義

さて、この大宰府でのお大師さまの状況は、わかっていない「謎の三年間」になります。さまざまな推測がなされていています。この時期に故郷の讃岐に帰っていたのではないか、四国各地を歩いて、その足跡が四国遍路の札所になったのではないかという説もあります。

各地にお大師さまの伝説がのこりますが、この時期のものであったのか、その後のものなのか、あるいは後世の高野聖の活動が重なっているのか、わかりません。

ただ、日本列島の津々浦々に「お大師さま伝説」があるということ、それによってお大師さまの教えがいまも息づいていることは確かなことであります。歴史の検証は、残っている史料によってなされますが、消えてしまった歴史にも思いを馳せて、エッセンスを伝える「伝説」も、大切にしていきたいと、私は思っています。

お大師さまは、密教流布の勅許を得て、大同二年十一月八日に、真言密教の教えを広める第一声として、大和の国の久米寺で『大日経』の教えを講義したのです。お大師さまの「即身成仏」の教えは、旧来の仏教界に衝撃を与えました。久米寺の講義が終わった後、お大師さまは和泉国槙尾山に移り、専ら修行の毎日に明け暮れました。

やがてお大師さまは、宮中で日本の高僧たちの集まりで、「即身成仏」について述べました。帝から、その証をみたいと仰せられまして、お大師さまが三摩地《さんまじ》（三昧）の観に入りましたところ、たちまち頂上から五仏の宝冠が湧き、五色の光明を放たれ、天皇は思わず礼拝し、居並ぶ僧たちも御仏の姿にひれ伏したと伝えられています。

三筆と呼ばれた嵯峨天皇、橘逸勢、そしてお大師さま

お大師さまは、朝廷を揺るがせた「薬子の乱」に巻き込まれることなく、嵯峨天皇の厚い信頼を受けます。とりわけ「書」については、嵯峨天皇、留学生仲間として親交を深めていた　橘　逸勢《たちばなのはやなり》と並んでお大師さまは「三筆」と呼ばれます。橘は、いっしょに帰国したいと、高階使節に願い出る申請書をお大師さまに代筆してもらっているので、その事情がわかります。

さらに、お大師さまが、唐で「五筆和尚」という名筆家としての称号を持っていたことが、お大師さまの五十年後に唐に行った円珍《えんちん》によって伝えられています。

円珍は智證大師といい、讃岐善通寺近くの出身で、お大師さまの甥にあたります。十五歳で比叡山延暦寺座主義真に師事して、入唐の勅許を得て、西暦八五三年に福州へ上陸し

ました。ここの開元寺に滞在したときのこと、僧から「五筆和尚は存命か」と尋ねられたそうです。

五筆とは書の五体である篆《てん》、隷《れい》、楷《かい》、行《ぎょう》、草《そう》のことで、お大師さまが書の全般にわたって優れていたことを物語っています。

唐の皇帝から招かれて書を表して、「五筆和尚」の名をいただいたとも伝えられていますう。それは、五つの筆を手足と口に持って一挙に五つの書をしるしたともいわれますが、そうではなく、あらゆる筆法を駆使した変幻自在な書法を賞讃して、このような名がついたとする説のほうが、信憑性があります。

「弘法は筆を選ばず」という言葉があります。能筆家のお大師さまは、どんな筆でもよく書けたという意味でありますが、じつは、筆にはたいへん注意を払っていたことが、「筆を奉献する表」（『性霊集』）でわかっています。これは、狸毛《りもう》の筆四本、真書用の筆一本、行書用筆一本、草書用筆一本、写経用の筆一本を嵯峨天皇に献上したときの文で、「穂に用いる毛の撰び方、紙に巻いて筆の穂の調え方、穂に墨をしませて穂を固くしてしまっておく方法など、すべてみな坂名井清川に伝授しおわっている」とあります。

あるいは、「春宮に筆を進むる啓」、皇太子に筆を献ずる敬白文というものもあります。

「良い工人は利《き》れる刀をもちい、能書家は必ず良筆を用いる。書く字に応じて用いる筆も変わる。文字には篆書《てんしょ》、隷書《れいしょ》、八分の書など、書体に区別があり、また、真書（楷書）、行書、草書などの様式がある。これらの実際の書法はそれぞれ規則が異なり、文字の大小もさまざまである。そのときどういうものを書くか、どういう書法をもちいるかによって、書体、法規もさまざまである。いま急に、その筆のすべてを製造することは不可能である。心からお願い申し上げることは、ご入用の物のみ奉納したことをご諒察ください」とあります。

京都高雄山寺に移り住んだお大師さまのもとに、主殿寮の役人が五色の綾錦で表装された五尺の屏風四帖を持参してきました。

嵯峨天皇が、お大師さまに古今の詩人の秀句を屏風に書くようにと命じたといいます。上奏文を添えて献上していますが、その上奏文が『高野雑筆集』に収められています。

「古人の『筆勢論』に曰く、

書は散なりと」（『高野雑筆集』）

中国の昔の人が書いた『筆勢論』、筆の勢いを論じると書くものですが、ここには、次のようなことが書いてあります。

「書の極意は心《しん》を万物にそそぎ、心の発揚にまかせて万物の事象を字勢にこめることにある」と。

字画が正しく美しいというだけでは、立派な書にはなりません。まず、必ず、心を対象にこめて、思いを対象にそそいで、字勢を四季の景色にかたどり、字形を万物にかたどって、初めて書の妙理をつくしたことになるのです。

お大師さまは、滔々と「書」というもののエッセンスを語ります。それは、ただの真髄というようなものではなく、密教でいう「深い意味」があることに、気付くようになりました。書くということは、仏さまのパワーを込めることができるのです。祈りを実現する霊力が、文字には備わっているのです。

お大師さまの書にあった観る人の心をゆさぶる霊力

お大師さまは、屏風の書に言葉を添えました。

山に向かって筆をとりますと、心が景色に触れて感興たちまち起こり、大自然に感応して、思わず詩を吟じました、と。

お大師さまは、ほんとうに自然が好きなのだなぁと、しみじみ思います。

その大自然の中で書いた、お大師さまが帝に献上する書に込めた祈りは、現代にも通じる「人の幸せ」への願いです。お大師さまは、この世の森羅万象はみな仏さまが、私たちに送るメッセージを文字にしているものだと教えています。

それは、ただ言葉のあやではなく、文字に祈りを込めれば霊力がはたらくという、深い教えを伝えているのです。

お大師さまは、もともと書をよくされた方でした。留学生として唐の港に着いたとき、お大師さまが役人宛ての書状が、あまりに見事だったので、ついに役人が上陸を許可しました。

なぜでしょう。お大師さまの書が「書聖」と呼ばれる王羲之《おうぎし》の筆法をしっかりと身につけていたからだとする説があります。

王羲之は、四世紀前半の人ですが、唐の皇帝太宗が彼の書を崇敬したことから、大唐帝国の象徴のような存在になりました。官僚は王羲之の筆法で書くことが要求され、これを修練したのです。日本にも七世紀にはその筆法が入っていたので、お大師さまは若くしてこれをマスターしたのです。

どこから漂着したのかわからない一団から、見事な王羲之の筆法による書状が届いたのです。自分たちが練習して練習して、ようやく官僚になれた、王羲之の筆法を、こんなに自在に書いているとは、と唐の地方官僚は驚いたことでしょう。

しかし、お大師さまは、都の長安に入ってから、さらに書を学びます。

たまたま楷書の先生に出会って、ほぼ書の要諦を聞いた、と書いています。しかし、唐に行った目的が仏道を求めることにあったから、書の道に深入りすることはなかった、と言っています。

いずれにしても、お大師さまの書には、観る人の心をゆさぶる霊力があったのだ、と思います。いまもその遺墨に接すると、強い気が伝わってきます。

どうか、私を長安に入れてくださいという嘆願書も、整った王羲之の筆法で書かれたので、地方官僚は日本の使節の書状を書いたのが、お大師さまだと知ったのです。そのことは、当然ながら、お大師さまのことを説明する報告書に書いたはずです。

日本からたいへんな書家が来たぞ、若いけれど、文章も書も見事なものだと書いてあれば、唐帝国では立派な信用状になりました。

お大師さまは、言ってみればその書に守られて、留学生活をスタートさせたわけです。長安で、お大師さまがどのように過ごしたのか、はっきりとはわかりません。しかし、文字に霊力があることを、おそらくは長安で学んだのではないでしょうか。

密教では「凡字」（梵字）で仏さまの世界をあらわします。サンスクリット語です。これも、お大師さまは長安で磨きをかけました。

むしろ、梵字に込められた霊力を学んだことによって、漢字にもまた日本の仮名文字にも霊力がこもることを学んだのでしょう。

空中に書いた文字がぐんぐん大きくなって空に広がった

私は、生命は光だと感じ取りました。祈りは光によって仏さまに届きます。人の意思もまた、光によって運ばれると思います。念とは、光なのです。文字に込めた念は、光によって運ばれるのだと、私は感じています。

私たちの世代は、小学生のときからどこの学校でも、お習字の授業がありました。昔のことで、半紙は貴重品ですから古新聞を持っていって、真っ黒になるまで練習しました。そして、清書をして先生に提出するのです。縦の線一つ、筆のハネ方にいたるまで、お手本の違うところは赤い色で直して返ってきて、またそれを練習をするという繰り返しでした。

正しく筆を持つと、背筋が伸びて姿勢も正されます。今にして思えば、成長過程の子供にとって、たいへん有意義な授業だったと思います。

書くという作業は、脳細胞に刻む学習効果があるので、記憶するためにも役に立ちますし、手を動かすことによってこれもまた脳細胞を活性化させる働きがあります。

人間の体のなかで手、指も含まれますが、その能力はたいへん大きいものだと証明されたのです。手、指をよく使う人はボケないといわれますが、手を使うことは脳をよく使うことと同じなのです。

脳を活性化させると、集中力を高めます。お習字のように、目を使い、お手本にあわせるという判断力を使い、手を使う作業は、行が集中力を高めるのと、あい通じるはたらきがあるのだと、私は考えています。

漢字とは、よく出来ている表現手段です。書き順を間違えて覚えると、どうもおかしな形になります。漢字はもともと意味を持つ形を表現しているので、線が突き抜けていたりいなかったりでは、まったく違うものになってしまいます。

そんな意味を教えながら、墨の香りを嗅いで、姿勢を正して集中する、そのトレーニングは、きっと子供たちの心を落ち着かせて、心身を健やかにすることでしょう。

大人の間では、書道ブームだそうで、カルチャー・スクールや通信教育などもさかんだと聞きました。奥の深い伝統の文化が、ふたたびよみがえっているのです。

注意してほしいのは、いたずらに書くことに没頭しないでいただきたいのです。

文字を書く。それは、たんに手を動かしているだけでなく、自らの思いを伝える霊力の作用によるものです。

私は、幼いころに、「文字を書く」ことで、ある神秘体験をしました。

私の生家は、鹿児島県大隅半島の東串良というところにあります。ここに、私の父が西大寺を建立しました。東串良は志布志湾に面した田舎町で、周りには野原や畑の多いところです。

子供のころの私は、そんな野原によく寝そべって、文字を書く練習をしました。虚空に向けて指で、たとえば「山」という字を書きますと、空中に書いたその文字が、ぐんぐん大きくなって、力強く空に広がるのです。何度書いてもそうなります。あまりに不思議なので、あるとき、寺に出入りしている行者に訊いてみました。すると、その行者は、こういいました。

「普通の人は、棒ほど願っても針ほど適うだけだが、あなたは針ほど願って棒ほど適う生まれをしている。そのことを仏さまが示してくれているのだ」

この言葉は、のちのち私の母も言っていました。「それほどの強い霊力を持っているのだから、それに頼ってはいけない。その霊力を生かして、人のために祈るように」と戒めてくれたのです。私は、そのためにむしろ気や霊の力を押さえようとしてきました。ただ気や霊を察知する力を保ち続けようと行をしているのです。

私の寺においでになる方たちの多くは、よくない霊のはたらきで苦しんでいます。そうした霊のはたらきを知って、それなりの祈りと対応をするためには、霊を察知する力がなければなりません。

行とは、仏さまの生命力だけでなく、そのような悪い霊を正しくとらえて、よい霊に変える力を磨くものなのです。

子供のころのように、空に向けて書いた文字がぐんぐん大きくなるのは、いまも同じです。しかし、私の体力が弱っているときなどは、書いても大きくなりません。

私は、母の胎内にいたときから行をしていました。父も、生涯でもっとも激しい行をしていたときに、私は生まれました。代々続く行者の家系のDNAと、両親の行のおかげで私にはそのような力がそなわっていたのでしょうか。

その神秘体験を思い出すたび、私は文字が好きになりました。成長して、お大師さまの事跡を学ぶようになって、文字に込められた仏さまの力を知りました。

文字に祈りの念を込めるのが護摩行の添え護摩

平成二十五年正月のことでした。私の書が世界的な『クリスティーズ』のオークションにかけられて、四百万円もの高額のものが何幅も買われて、ほんとうに驚きました。世界的な書道家は数多おりますのに、生存する人物の書は、これまでオークションにかけられることはないという例外のことでした。これらはみな福祉団体への寄贈が決まっていたので、私におカネが入ってくるわけではありませんが、このように評価していただいたことに、私は大変感謝しています。これも、書に込められた御仏の力であろうと、私は信じています。

文字を書くことによって、祈りの念を込めるのが、護摩行の添え護摩です。これは、信者さんたちの祈願を書いた護摩木です。

日常の行でこれを焚いて祈ります。

護摩木を作るのは、なかなかたいへんな作業です。

昭和六十三年九月、鹿児島市の私の寺、最福寺は、緊張に包まれていました。私が誓願した百万枚護摩行の護摩木作り、つまり百万本を作る作業が始まったのです。

正確には、百八万本です。不空三蔵が訳した四つの経典にある「慈救呪十万遍を念誦し苦練木千八十枚を焚く」という言葉をヒントに、この数を一単位としたのです。十分の一にあたる百八枚を一束としてたばねていくことになりました。

信者さんたちが御奉仕でこの護摩木を削って作るのですが、正月を過ぎたころにようやく出来上がりました。世は昭和から平成に、あわただしく変わっていました。境内に並べたところ、最福寺の境内が埋め尽くされ足の踏み場もないほどでした。まるで、一面に白い蓮の花が咲いたようだ、と思ったことを覚えています。

護摩木は、甲子《きのえね》の日を選んで午前三時から山に入り、木を切り出してその日のうちに作り上げます。木を割り、護摩木を削ってくださる信者さんたちは、前日から精進料理を食べ、怒りを抑える忍辱行を積んで作業に当たります。

そうして百八万本を作り上げ、祈りをこめて炊き上げるのですが、そのほかに添え護摩木を一座に三千枚、焼供します。文字に書いて、祈りを仏さまに届けるのです。

一日に八時間、三か月の間、炎の前に座して祈り続ける行は、まさに命懸けでした。護摩の炎は、人間の我欲そのものではないかと、つくづく思います。

炎は、私や弟子たちの苦痛にはおかまいなく燃え狂います。

ことに、百万本を焼供した後に焚く祈願札の火勢の強さは、私の法衣に燃え移るのではないかと思えるほどでした。

私の護摩行は、無病息災を祈る息災護摩ではなく、自分の中の魔をたたきのめす調伏法を取っています。それだけに、文字に記した信者さんの祈願の強さが炎となって燃え盛るのではないかと、思います。

前人未踏といわれた百万枚護摩行は、おかげさまで無事成満しました。私は光に包まれ私自身が光そのものだと感じ、仏さまに出会ったと満ちた意識を得たのは、このときのことでした。

獅子座といいますが、行の間坐っているところから離れるときには、「久」の文字を指で書きます。そうです、空に書いて仏さまと対話するのです。

厄除けなどのお札も、ただ文字が書いてあるのではなく、祈りを込めてあるのです。お札を貼って、結界をつくり安全に生活するのです。

私の寺では、一年中休むことなく護摩行を続けています。これは、信者さんたちの願いごとを書いた祈願札を焼供するのが中心になっています。全国から郵送で送られてくるのを合わせて、毎日ざっと二、三千枚ほどになりましょうか。

みなみな、みずからの心中にある願いを文字に託すのです。心の中にあることを、文字に表すことによって、はっきりとした願いにするのです。

文字を書くということは、心の形を自ら確認することだと思っています。だからこそ、形をなぞるだけでは、書くことにはならないのです。心を写し取る。それが書くということなのです。

お大師さまが「ん」の字をつくって日本に持ち帰った

文字といえば、アイウエオ。この五十音図もいろは歌も、お大師さまがつくっています。お大師さまかどうかわからないが、真言宗の僧侶がつくったことは間違いないとする説もあります。とりわけ、「五十音図」はサンスクリット語の字音表の転用なので、その知識のあった真言宗の僧以外には作ることができなかったといわれています。

そして、「ん」という文字について、興味深い説があります。

お大師さまは、言語の天才でありました。おそらくは、入唐前に唐語を習得したことでありましょう。

サンスクリット語は、インド僧からインド哲学とともに学びました。

アに始まる五十音は、ンで終わります。

「あ」で始まる生命の流れも「ん」で終ります。

「阿字の子が　阿字のふるさと立ちいでて　また帰る阿字のふるさと」

阿字観瞑想は、その生命のふるさとを、この身のままに実感するものです。そして、この世を閉じるときの音こそ「ん」なのです。お大師さまは『吽字義《うんじぎ》』を書いて、「ん」の教えをまとめています。吽字観は、「ん」という言葉の音に込められた生命の真理を説いたものです。

阿字観が大きな宇宙、生命の始まりを感得するものならば、吽字観は宇宙が収縮し生命の種となることを知る瞑想でありましょう。「オ（ア）ギャー」と息を大きく吐き出して生まれ、「ン」と息を吸い込んで死んでいくのが、私たちの人生です。

「あうん」の呼吸とは、生命の旅路が一瞬の呼吸のうちにあることを教えた、深い言葉なのです。

日本語のアイウエオは、アに始まり、ンに終わるように整えられていますが、これがそのまま生命の流れになっているところに、言葉の不思議さを感じます。「ん」は、正確に言えば、母音と子音の配列の五十音図の枠外に置かれているのですが。

「ん」について、興味深い論を唱えている方がいます。「ん」には、日本語の謎が秘められている、というのです。

「ん」の表記は、もともと日本にはなかったのを、なんとお大師さまが唐で出会ったシッタン文字で見つけて、日本に持ち帰ったのでした。

これは、山口謠司氏という大東文化大学准教授が唱えているものです。著書『ん　日本語最後の謎に挑む』（新潮新書）に、まとめている中から、少しお話をしましょう。

『古事記』には「ん」と読む仮名が一度も出てこない。山口氏は指摘します。たとえば「陰陽」とあるのは、「いんよう」と漢語で読むのではなく「メヲ」と読んだのだそうです。「天地」も「アメツチ」と読む。そうして読んでいくと、「ん」に出会わないというのです。

しかし、漢語には「ん」の音があります。経典などの移入によって、平安時代が始まる頃から「ん」を表記する必要性が感じられるようになった、とあります。

山口氏は、お大師さまのことを、よく理解しています。真言についても真髄を言いえています。

「空海にとって『真言』とは、単なる呪文としての言葉ではなく、大日如来と一体化するための大きな命をもった『実』ある『存在』だったのである」

お大師さまは、サンスクリット語を学び、中国語に磨きをかけます。発音だけでなく、音の高さや低さ、長さや短さまで、正確に表現しなければ、仏さまに正しく伝える響きをもった言葉にはならないと理解していたからでした。

「梵字にあらずんば、長短別《わきま》え難し」（『請来目録』）

「ん」という音を正確に伝えるサンスクリット語に出会ったとき、お大師さまは感動したことでしょう。

そして、正確な表現をするために、「ん」の文字をつくって日本に持ち帰ったといいます。それまでの経典では、「ん」を、「ム」「ニ」「イ」の三種類の万葉仮名によって振り仮名としていました。お大師さまは、その不合理を正すだけでなく、生命の旅を閉じるための音として「ん」という大事な音をつくったのです。

「あうん」には、菩提心のすべてが込められている。私はそのように思っています。

菩提（ぼだい）と書いて「さとり」と読ませる、それがお大師さまの遺した著作です。「菩提《さとり》とはなにかといえば、ありのままに、みずからの心を知ることである」

お大師さまが教える大日如来の言葉です。大日如来は、生命すべての源です。阿字の世界にあって、真理の教えを説いています。

救いの道は、仏さまの世界に連れて帰ることです。しかし、迷いの道に入り込んでいる人たちを救い出すのは、なかなかたいへんなことです。

目の前にいて手を差し伸べてくださっている菩薩や明王が、道に迷う旅人には見えません。そこに、私ども行者の出番があるのかと思っています。

救いの道へ進むための杖ともいえる、お大師さまが伝えて下さった文字の力を信じて、手書きの習慣を残していただきたいと願っています。

六

受け継いだ密教の正統

「大日経」は大日如来を生命の根源として説く密教の基本

お大師さまが歩いた道は、あまりに広く、深く、高く、一本道をまっすぐ、というわけにはいきません。

往還を走っていたかと思えば、狭い路地を回って、困っている人はいないか、苦しんでいる病人はどこか、争いの渦中にある者はどうしたと、尋ねておいでです。

お大師さまの「伝記」である『空海僧都伝』の記述もまた、時を行きつ戻りつしながら、その偉大な方の跡を追います。

日本へ帰国してからの「真言立教」という項目に続くのは、「八祖相承」の項でありま す。あらためて、お大師さまが恵果和上から密教正統を受け継いだ次第をまとめているのです。

これまでお話したことと重複するところが出てはきますが、『空海僧都伝』にしたがって密教正統のことをまとめてみましょう。

まずは、密教という教えについてです。

密教は、仏教とは違うのかという質問を受けることがあります。違うのではなく、密教は仏教の大きな柱の一つであります。

仏教は大きく分けて、大乗仏教と上座部仏教とに分かれます。上座部仏教とは、かつては小乗仏教と呼ばれていたものですが、「大」に対して「小」と呼ぶのは蔑称になるとして、最近では使いません。

「乗」とは、乗り物の意味で、自分一人を乗せる小さな乗り物で彼岸に渡るのではなく、大勢の人を乗せてともに彼岸に行き着こうというのが、大乗の教えであります。

密教は、二世紀の後半に、インドで生まれました。お釈迦さまが仏教を開いてから七百年ほどが経っていました。密教が興った当時のインドでは、自分自身の覚りを開くことを追究することより、多くの人々を救済することに重点を置く大乗仏教が、盛んでした。

龍樹《りゅうじゅ》という名の大乗仏教の学者が、密教の基礎を整えたといわれています。

三世紀頃には祈りの修法である護摩法が、四世紀には諸仏の供養法が、そして次第にさまざまな儀式作法を説く経典などが現れますが、七世紀から八世紀にかけて、『大日経』と『金剛頂経』という経典が登場して、密教は集大成したとされています。

以後、密教はほかの大乗仏教とは異なった発展を遂げていきます。とくに『大日経』は、大日如来を生命の根源として説いていて、現代にいたる密教の基本となっています。

密教という言葉の響きに、なにやら秘密めいたものを感じる人がいます。あるいは、護摩とか加持とかの修法に、古めかしい印象を抱いている人もいます。たしかに、禅宗などと比べますと、きらびやかであったり、不動明王などの仏像の怖い形相に恐れをなした、という感想を語った人もいます。

密教は、日本だけでなく、たとえばチベットやモンゴルなどで、いまも信仰されています。そうした国々の色彩鮮やかな仏画などが、密教のイメージにつながっているのかもしれません。

しかし、近年は密教が宇宙と人間の生命について、現代に通じる教えを説いていたことがわかってきて、心理学や宇宙物理学や近代哲学などの面からも見直されています。

「東洋文化の集大成」だといわれます。

西洋文明はトーナメント、東洋文明はリーグ方式だと表現した方がいます。あるいは、かたや分類の文化であり、かたや混沌の文化だ、ともいわれます。

西洋、とりわけ近代の西洋科学は分類、分析を基礎に成り立っています。しかし、それはものごとの形を見分け、均一化するにはたいせつなことですが、じつは本質を見落としかねない危険をはらんでいます。人体を解剖しなければ、それぞれの身体の形はわかりません。しかし、生命は、互いに作用しあって生きているのです。生きている状態を知るには、見えない部分を含めて丸ごと理解しようとすることが必要です。

密教は、生命の観点から生態系を知ることを重視しています。山も川も草木もみな仏さまの分身とするなら、私たちの細胞の一つ一つ、遺伝子の一つ一つがじつは仏さまの分身であります。どれにも違う個性があり、無駄なものは一つもない。無意味な存在ではありません。一つの身体という小宇宙のためには、どんな小さな存在もなくてはならない尊い仏さまであります。

煩悩を受け入れ、浄化して生きる活力に変える大欲の教え

アジアは混沌のなかからパワーが生まれ、生きる力となっていると、私は思っています。密教は、その混沌から生まれる生命力を原動力としているのです。生きることは、きれいごとではありませんで、さまざまな煩悩や欲望がつきまといます。しかし、密教はこれらを否定しませんで、その煩悩を受け入れ、浄化して生きる活力に変えていくのです。

それが、「大欲」の教えです。

「煩悩即菩提」と教える言葉があります。煩悩は捨てるものではなく、大きく育てよと教えます。この場合、「大きい」とは量ではなく、偉大なといった意味であります。自分だけの欲望を、多くの人たちのための欲に変えなさいというのです。煩悩は、本来は生きる

力です。無理に押さえ込むのではなく、多くの人を救う力として活かそうとするのです。切り捨てずに、そのままを、あるがままを受け入れることが大事だと、教えます。生命には、割り切れないものがあるのです。それを捨ててしまったのでは、生命の連鎖は切れてしまうのです。

密教は、古代のインド哲学をもとに、アジアの哲学として集大成されたものです。お釈迦さまは、この秘密の扉を開いて真理を悟った方であり、その教えの言葉にはじつは宇宙の仕組みや生命とは何かという本質が、語り込められていて、密教はとくにその教えの奥に秘められた真理を、師から弟子へと伝えてきたものなのです。どれほど明快なマニュアルがあり技があっても、全ては「人」の存在に戻ります。そこに、人間の精神を磨くことの重要性が生まれます。

密教には、仏さまと祈る衆生との仲立ちをするものとして「行者」があります。医療でいえば、医師の立場に当たりましょう。そこが、禅宗などの顕教と大きく違うところであります。行者は祈りのプロフェッショナルであり、お大師さまはプロ中のプロであります。

とくに、密教の祈りには「呪詛」もあります。行者は呪詛の方法を正しく伝えなければなりません。呪詛の方法を知らなければ、これを解くことができないからです。医師が原因を究明して治療に当たる状態です。その呪詛を正しく使う「心の技」を磨いた者が力を使って、はじめて効果があらわれるのです。

密教では、宇宙のなかに自分があり、自分のなかに宇宙がある、という考え方にのっとっています。宇宙はただ一つの実体、密教では大日如来ですが、これは生命力の源であり、この源から出た生命力が一つ一つの生命として存在する、という教えです。

宇宙を説き、生命の真理を説くのが密教ですが、言葉だけでは伝えられない仏と人と宇宙との関係を、曼荼羅の図で教えます。

「帝釈天の網」と呼ぶ網が、私たちを取り巻いています。帝釈天は、映画の寅さんで有名になりましたが、仏教の守護神で天を司る帝です。その手にある網は、結び目ごとに珠がついていますが、それが一つ一つの生命です。一つが光れば、すぐに光は無数の珠に映り広がります。曇れば、網目も暗くなるのです。これが曼陀羅の世界なのです。

円あるいは輪、あるいは集合体が、曼陀羅という言葉のもともとの意味ですが、まさに始めもなければ終わりもないのが宇宙であり、人間であり、生命の本質です。ここに生きているこの身のままでいい。私たちを包んでいる曼荼羅の世界を、心に描くことによって、仏さまの世界をこの身のままで感応できると教えます。

複雑と見えながら、じつはわが心に仏さまを念じて祈り、生きれば、光あふれる人生になるというシンプルな教えが密教です。行動して、触れて、感じて、理解して、密教を知ることができるのであります。

お大師さまは、長安でインド人から直接に哲学を学びました。密教の成り立ちについての洞察が、やがて真言密教として大きく花開くのだと、私は長安時代の「学び」に思いを馳せます。

「金剛頂経」と「大日経」は大日如来が直接説いたもの、とする教え

密教は開祖からお大師さままで八人が受け継いできました。インドから中国へと、正統がつながって、お大師さまが日本で真言密教として根付かせたのであります。

第一祖の大日如来と第二祖の金剛薩埵は、真理を人格化していて、実在の人物とはいえません。

さらに第三祖の龍猛菩薩と第四祖の龍智菩薩は、実在した人物ではあるものの、どんな人となりであったのかは神話的な伝承に包み込まれて、はっきりとはしていません。あるいは何人かの偉大な仏陀（さとりをひらいた人）の伝記が一人の人物像としてまとめあげられたのではないかという説もあります。

しかし、次の祖である第五祖、金剛智三蔵の足跡は、比較的はっきりとたどることがで

きます。

金剛智三蔵は、七世紀後半に中インドの王の第三子に生まれたと伝えられます。南インドという説もありますが、これはどうやら誤伝のようであります。

幼いときからたいへんな勉強家で、二十代の終わりにはすでに大乗仏教に精通していました。密教と出会ったのは、三十一歳のとき、南インドで龍智菩薩に仕えて密教を学び、その教えを継ぎました。秘術にたくみであったとも伝えられ、雨乞いに成功した話などが残されています。

やがてスリランカまで足跡を残したあと、海路で唐に入りました。七一九年のことでありました。

スリランカといえば、私にとっては、懐かしくも胸の痛む思い出の地です。長い間、仏教徒と異教徒の争いが続き、内戦にまで拡大した時期もありました。ようやく、和平の約束が結ばれたということで、私は政府軍のお招きを受けて、戦闘が続いた地へ参りまして、内戦で亡くなった方々の慰霊供養をいたしました。慌しい訪問に、後ろ髪引かれる思いで帰国しました。もう一度訪ねて、長い仏教の歴史の跡をたどりながら、慰霊をしたいと胸に秘めながらおりました。しかし二〇〇六年には津波の被害があって、必ずしも国内はいまだ安定していないようです。いずれ納まりましょうが、早く平和な地になってほしいと、遠くから祈っています。

青龍寺はいまも西安にあります。金剛智三蔵は、中国に密教を伝えるため、『金剛頂《こんごうちょう》経《きょう》』を長安で翻訳します。お大師さまが留学するしばらく前のことです。

唐の朝廷は、金剛智三蔵の法力を高く評価して、後援し、ここに『金剛頂経』系の密教が、初めて中国に伝えられたのでした。

金剛智三蔵の弟子である第六祖の不空三蔵も、『金剛頂経』を翻訳します。この二種が七世紀末までにインドで成立したとされ、もう一つの施護《せご》という人が宋の時代に翻訳したものと合わせて、『金剛頂経』は三種の漢訳が知られています。

『金剛頂経』と『大日経』は、お釈迦さまではなく、大日如来が直接説いたものである、としますが、これが密教の基本の教えです。

大日如来が教えの根源であり、お釈迦さまは悟りによって大日如来と一体化したのだという教えは、当時の仏教において、ずいぶん画期的なことでした。

『金剛頂経』では、生命の根源である大日如来を智身として描き、金剛つまりダイヤモンドあるいは電光として表現されます。

金剛とは、もともとインド古来の神であるインドラ神が持つ、すべてを破壊する力を持つ武器を指しています。インドラ神は、日本でいう帝釈天であります。

密教では、この金剛は心の無明を打ち破る智慧の光を示しているのであります。

金剛とは、ダイヤモンドを意味する言葉でもあります。ダイヤモンドという名前は、ギリシア語に由来します。「征服できない、懐《なつ》かない」というのが、もともとの意味です。つまりは、最も強いものというわけです。その言葉通り、ダイヤモンドは大変に硬い石で、さまざまなものを切ることもできます。それだけでなく、さまざまな薬品や日光に晒されても変化しないもの、まさに変えることができない強さを持つ石です。

その強いダイヤモンドを磨けば、ほかの宝石がとても及ばない輝きを見せます。宝石のなかの宝石といってよいでしょう。

密教の故郷インドでは、昔からダイヤモンドの素晴らしさが知られていたのです。変わらない、強く、そして美しい輝きを持つ石、それがダイヤモンド、金剛石です。もとはといえば、炭素です。燃えて、燃えて、燃え尽きた果てに、その結晶は透明の輝くダイヤモンドになったのです。

密教の修行は時間や空間を瞬時に超えるパワーがある

不空三蔵の弟子に当たる大照禅師のもとに弟子入りしたのが恵果和上でした。禅師とともに不空三蔵にお目見えした恵果和上の、並々ならぬ資質に感嘆した三蔵は、まだ幼い恵果和上を父母のごとく慈しんで教えを授けたそうです。その恵果和上こそ、お大師さまに密教正統の教えを授けた大徳です。

お大師さまは、西暦八〇四年に留学生として唐にやってきました。お大師さまは、最初から唐の首都である長安を目指しました。密教の正統を継ぐ恵果和上がこの地の青龍寺にいて、ここが密教の総本山となっていました。

密教は、七世紀にインドで生まれましたが、やがてシルクロードの通る西域を通じて中国に入ってきました。唐の玄宗皇帝は、この頃は密教を重視していまして、恵果和上を信頼していました。お大師さまが教えを求めて長安に入ったとき、恵果和上はすでに高齢でしたが、密教第七祖として、あまたの弟子を率いて、青龍寺に在りました。お大師さまは、そこで恵果和上を訪れたのです。

恵果和上は、「お前の来るのを待っていたのだ」と、温顔笑みをたたえてお大師さまを迎えました。

恵果和上は、お大師さまの並々ならぬ才能を見抜いて、短い期間ながら密教の全てを伝授されて、後継者としたのでした。

密教を修することによって、同じ経典を開いても、顕教では得られないさとりを得られると、お大師さまは説きます。顕教では、修行が「この世」の時間にとらわれてしまいますが、密教の修行は時間や空間を瞬時に超えるパワーがあるというわけです。

「いま、ここで」

それが、即身成仏の本質であります。

この世に生きる、あるがままの自分の心のありようと、それを素直に認めることができる智慧とが、即身成仏なのです。

密教はイメージの教えでありますが、芸術もまたイメージの世界であります。

密教の修行とは、真言を真剣に繰ることに尽きます。真言を繰ることによって、私たちのイメージを深める能力が高まるのだと、私は考えているのです。

教えを東国に伝えるべき使命感をもっていた恵果和上

恵果和上は、「報命尽きなんと欲すれども」とご自身の寿命を覚られていましたから、お大師さまへ、密教の教えを継いでほしいと願ったのでした。

長安では多くの弟子達がおられたと思いますが、真に伝えるべき人材がいなかったこともあったでしょう。しかし、恵果和上は、教えを東国（日本）に伝えるべき使命感を持っていたのではないでしょうか。ですからお大師さまと出会って、一目見て並々ならぬ力量と素質を見ぬかれたので、跡を託したのだと、私はもう一つ推測の翼を広げます。

お大師さまの「遍照金剛」というご宝号は恵果和上による伝法灌頂を受け、密教八祖として正統を継いだときに授かったものであります。

お大師さまが目隠しをして、壇の上に敷かれた胎蔵曼荼羅の上に花を落とすと、中央に描かれている大日如来の上に落ちた。三種の灌頂が行われましたが、すべてが同じ結果でした。大日如来との深い縁を結んだので、お大師さまの守り本尊になりました。恵果和上はこれを見て、たいへんに歓び、「不思議、不思議」と言ったと伝えられています。

恵果和上は、夢の中で、お大師さまに告げました。

「お前はまだ私との前世からの深い契りで結ばれていたことを知らない。いままで何度も生まれ変わりしている中で、お互いに誓い合って密教の教えを弘めようとしたではないか。二人が代わる代わるに師となったことは、一度や二度ではない。だからこそ、お前は遠くから来て、私の深い仏法を授けたのだ。受法はここに終わって、私の願いも満たされた。お前は西方のこの地で私に師事した。私は東方の国に生まれて、お前の弟子となり、教えの奥義を学ぼう。ここに長く留まることはない」

恵果和上は西暦八〇六年一月十七日に亡くなり、長安の東、龍原にある不空三蔵の塔の傍に葬られました。

　恵果和上は病床で、お大師さまに伝えました。「今すなわち、法のあるとし、あるを授く。経像も功《つとめ》おわんぬ。早く郷国に帰り、もって国家に奉じ、天下に流布して蒼生《すべてのひと》の福を増せ」

「蒼生の福を増せ」という師の遺訓の通り、お大師さまは、帰国して満濃池を修築し、綜《しゅ》芸種智院《げいしゅちいん》を建て、各地を行脚して教えを広め、人々を救済したのでありました。

　不空三蔵、恵果和上、そしてお大師さまへと続く密教正統の祖たちが、いずれも「国家護持」を祈ったことの意味を、現代に問いかけたいと、私は考えました。

「遠きを追い、終りを慎む。国に奉ずるに忠を尽くし、仏戒を精持す」

　不空三蔵は、師の教えを護って、祖先を敬い、父母に孝養を厚くして、忠誠を尽くして国家に奉じ、御仏の説きたまう戒律をしっかり受持した、という意味です。

「遠きを追い、終りを慎む」とは、いい言葉ですね。ご先祖を追憶し、父母の愛を思って傲慢な気持ちにならない。日々、このような心で祈りたいものであり、現代の私たちが、日々心に刻んで実践したい言葉です。

　不空三蔵は、師が亡くなると、玄宗皇帝から命じられて、南インドの龍智阿闍梨のもとにまいりました。密教の経典を、唐に持ってきたいと願ったのです。このときの旅は、広州から船出して、順風に恵まれたので、一年もかからなかった、とされます。この一言で、当時の旅がどれほど困難な、危険なものであったかを推し量ることができます。

千年を超える、はるか「遠き」に、みな苦難を超えて教えを広めるはたらきをして下さっていたのです。

たくさんの財宝と皇帝の親書を持って、不空三蔵の一行は、龍智阿闍梨にお願いをしました。快く、たくさんの経典を授かり、その教えを受けることができたのですが、財宝は、「わが宝とするは心なり。この宝にあらず」と言って受け取りませんでした。

ここに、密教の教えの全てが、唐に伝わったのです。さらに、不空三蔵の後継者である恵果和上から、お大師さまに、膨大な経典とともに、教えの全てが伝えられるのです。

玄宗の次の代宗から許しが出て、宮廷内に道場が出来ました。不空三蔵は、国家護持のためには、道場を開いて密教を国民に広めて仏道に目覚めさせれば、国運の長久は必ず成ると、皇帝に申しあげたのです。

「群生を利済せしむ」ために精進しているのだと、不空三蔵は述べています。国家の安定は国民の幸せ、国民が安心できる国家は安泰だという考えが、お大師さまの言葉から、しっかりと伝わってきます。

真言密教にある「五大願」

唐で見聞きした政治の混乱と国家、国民の幸せをどう護っていくのか。お大師さまは、やがて嵯峨天皇はじめ、帝の信頼のもと、国家の護持を祈り、同時に庶民の幸せを祈って精力的に活動していきます。

国家の利益が優先されるのか、個人の利益を守るのが先か。そのような議論は、じつは偏頗《へんぱ》なものだと、私は考えています。

国家と国民とは、表裏一体、というより、「不二」のものであります。国民不在の国家など有り得ませんし、国民だけがいて国家がないという状態もありません。

国家が揺らげば、そこに生きる人々は危険に晒されますし、国民が幸せでない国家はやがて滅びるのが、歴史の教えるところです。私の平和の巡礼は、怨親平等の教えを土台にして、国家と国民との幸せを願って続けているものであります。

毎年、訪れて慰霊供養を行うフィリピンのマバラカットでは、現地の方たちが、かつて「敵国」であった日本の若者たちの供養を続けてくれています。世界中で、私たちは、このような例にたくさん出会いました。その逆もあります。

未来に伝えることは、決して戦争してはならないこと、かつて戦った国の人びとを、再び「敵」としてはならないこと。新たな敵をつくらないこと、です。それは、出家の折の誓いのように、戦争を体験した者、語り継がれた者たちが広める正しい教えだと、私は信じているのです。

祈りを実現するためには、祈る者の心が、御仏を向いていなければなりません。

仏教徒には、「四弘誓願」、つまり四つの誓いがあります。

「衆生無辺誓願度
煩悩無量誓願断
法門無尽誓願学
仏道無上誓願証」

訳しましょう。

この世に生あるものすべて誓って一人残らず悟りに導き、救いましょう。

私たちには、たくさんの煩悩、ねたみやそねみ、物欲などがありますが、これらを断ち切りましょう。

仏教のみ教えは限りなく深く尽きませんが、誓ってこれを成し遂げましょう。

仏道はたいへん素晴らしいものだから、誓ってこれを成し遂げましょう。

このような意味ですが、この誓いを簡単に実行できますか、どうか。これらを「理想の仏教徒」の姿だとして、人々は御仏の前で誓います。

しかし、お大師さまの教える真言密教は、これとは異なる、「五大願」というものがあります。

「衆生無辺誓願度
福智無辺誓願集
法門無辺誓願事
如来無辺誓願事
無上菩提誓願成」

「四弘誓願」との違いは、どこでしょうか。

最初の、生きとし生けるものを悟りに導き、救う誓いは同じです。しかし、二句から違います。これは、「福智」を積極的に集めていこう、という意味の言葉です。「福」は物質的に満たされる状態で、「智」は精神的な幸せです。裏返せば、煩悩のもとでもあります。

いつも申すお大師さまの教えですが、煩悩を切り捨てるか、これを受け入れて、より大きな生命力とするのかが、ほかの宗派と真言密教との違いです。

「福智」を否定するのではなく、集めて、さあ、次にどうするのかが、御仏に近づくのか遠のくのかの分かれ道です。

あれも欲しい、これも欲しいと集めて、これを自分だけの所有物と思って、抱え込んでしまっては、物も心もよどんで腐ります。集めた物、寄せられた心を、いっそう多くの人たちと分かち合うとき、物も心もさらに生かされてパワーを増すのです。

法門にはみな従って学びましょう。教えは正しく理解して、実践することが大切です。独りよがりで覚えたものは、間違ってしまうのです。

四句目はどのような意味でしょうか。これは、生きとし生けるものはすべて如来さまに帰依するということです。如来さまとは、覚りを開いた存在ですが、ここでは生命の根源である大日如来のことです。御仏に祈り、御仏にお仕えして生きることが、仏道を歩く者の勤めです。そうして、菩提《さとり》を得て、畏れのない安心の世界に至ることが出来るという誓いです。

永遠の生命を以て衆生を救う誓願を立てたお大師さま

日本は海に囲まれて、異国へ行くのは当時に在っては現在の宇宙への旅のような大冒険でありました。お大師さまは、唐という見知らぬ土地へ大きく飛翔して、密教という大きな宝を日本にもたらしました。その教えに基づいて、私はいま世界に向かって「平和の祈り」を続けています。お大師さまの教えを、もっと、もっと大きく弘めたいという一心があります。

私たちの生命は、いま目に見えているものだけで成り立っているのではありません。遠い過去から連綿と続く、生命の連鎖によって、私たちは生まれてきました。ご先祖は一人ひとりの生命の根っこです。

同じようにそれぞれの土地、国、さらには世界は、そこに生きた人たちの歴史があり、多くの尊い犠牲によって、今日の社会が築かれてきました。とりわけ、お国のために戦って亡くなった戦争犠牲者や非業の死を遂げた人々は社会の礎を造った根っこなのです。

自分だけのためではなく、他者の幸せのために、我が身を犠牲にしたその行為によって後の世の人たちは平穏に生きることができているのです。そのことを忘れずに「ありがとうございます」という感謝の心を持って、供養すれば、その思いが「根」に届きます。

戦いに倒れた人々を供養するのは、国の根っこに栄養を送ることなのです。

私は、まずかつて戦場となった台湾、中国やフィリピンなど東南アジアをはじめ、韓国の各地も何度か訪れました。さらに、日米戦争の始まりとなったハワイの真珠湾に参りました。私はいつも、現地の方々とともに祈ります。

生命の世界には、敵も見方もありません。戦わなければならなかった悲しみと苦しみを癒すのです。シベリアにも行きました。ソ連による強制収容所での苛酷な労働で、多くの日本人が亡くなりました。その霊を慰めたのです。

どの国やどの地域にもそれぞれの宗教があります。そこで、私が密教の祈りを捧げるのですが、いずれの土地においても揉め事はいっさいありません。みな、その土地の方々にお招きを受けての慰霊であります。ありがたいことだと思う一方で、これは仏さまが私に与えられた使命なのだ、と思っています。

世界各地で、私は宗教指導者にお会いしました。ローマ法王には、法王庁でお目にかかりました。高齢でありながら、毅然としたなかに深い慈愛のまなざしで語りかける姿を忘れることはできません。

「虚空尽き、衆生尽き、涅槃尽きなば、我が願も尽きん」

お大師さまは、永遠の生命を以て衆生を救う誓願を立てました。その願いが叶うまでは、涅槃にいたることなく衆生とともにあると願ったのです。私の誓願は、お大師さまの誓願にならっています。

一人ひとりの病を癒すお手伝いだけでなく、世界を、さらには地球という大きな生命を、病いから救う手助けをしたいと願っています。平和という生命の回復を図りたいと誓って、祈りの巡礼を続けているのです。

七

心の故郷「高野山」

千二百年前に開かれた真言密教の総本山金剛峯寺

高野山は、真言密教に帰依する者にとっては「心の故郷」であります。そこには、いまだお大師さまがおられて、私たちを見守って下さっている聖地です。

今から千二百年前、お大師さまは嵯峨天皇に願い出て高野山をいただき、真言密教の総本山・金剛峯寺を開きました。そこに密教の根本道場を創建されるためでした。お大師さまは、密教は理論を学ぶだけでは理解できないし、その功徳を施すこともできないことを、よくご存じだったのです。

後に続く者たちが密教の本質を理解するには、厳しい行が欠かせない。お大師さまはそう考えて、密教の修行の場を造るために、広大な深山幽谷の地、高野山を朝廷から譲り受けられたのです。

実際、お大師さまは高野山の下賜《かし》を奏請された文で、「仏教の理論家は多く、各地のお寺も隆盛しているが、残念ながら、深山幽谷で修行して、真に覚りを開く人が少ない」と嘆きながら、「上は国家の御為めに、下はもろもろの修行者のために、荒藪《こうそう》を平げて、いささかの修禅の一院を建立せんとす」と、高野山を開く意義を記しておられます。その言葉は、現代にも通じて、とかく論を先行させて行を後回しにしがちな真言宗の僧侶たちへの戒めだと、私は肝に銘じています。

平成二十七年四月二日から五月二十一日まで、金剛峯寺において『高野山開創千二百年記念大法会』を執り行うため、全山を挙げて準備にいそしんでいます。その基本理念に、真言行者としての修行を重視することを、お大師さまの原点に立ち返って、しっかりと心に据えてほしいと願っています。

高野山は、標高一千メートル前後の山々に囲まれた平坦な土地に、現代では諸堂が立ち並んでいます。蓮の花が開いた内八葉外八葉の、聖地としてふさわしい、山上の宗教都市として千二百年の時を刻んできました。いまは、世界遺産の一翼をになっています。

高野山という名の山はありません。地名としての「高野山」とは、八葉の峰（今来峰・宝珠峰・鉢伏山・弁天岳・姑射山・転軸山・楊柳山・摩尼山）と呼ばれる峰々に囲まれた盆地状の平地の地域を指しています。八つの峰々に囲まれているため、「蓮の花が開いたような」と形容される地形で、「八葉蓮台」という仏教の聖地としてふさわしい地形になっています。

総本山金剛峯寺は、お大師さまが「金剛峯《こんごうぶ》楼閣《ろうかく》一切《いっさい》瑜伽《ゆが》瑜祇経《ゆぎきょう》」の一節から、「この山は永遠に守り続けなければならない最上最尊の峯」という意味をこめて名づけました。金剛峯寺は、お大師さまが曼荼羅の思想に基づいて創建した密教伽藍の総称で、奥の院と並んで、高野山の二大聖地とされています。金堂は高野山全体の総本堂で高野山での主な宗教行事が執り行われます。ほかに大塔、御影堂、不動堂などが境内に立ち並び、お大師さま伝説のひとつである「三鈷の松」もあります。

イザナギ尊の子である丹生都比売命《にうつひめのみこと》の長子が勧めてくれた土地

お大師さまが、深山に修行場を作ろうと決意し、紀伊の国の海辺から山を目指そうと歩いていました。生まれ故郷の四国を隈なく歩いてはみましたが、ここだ、と思う場所に巡りあうことができません。

紀州もまた、若き日に修行のために歩いた山々です。

「たしか、あの峰の奥に平らな地があった」

そこへ、もう一度行ってみたいと、お大師さまは思ったのです。

山に分け入ると、白と黒と二匹の犬を連れた猟師が、お大師さまの後になり先になり、歩いていました。たくましい体格ながら、どこか優しさを秘めた品格を備えている猟師がお大師さまに尋ねました。

「霊山を探し求めておられるのか」

その通りだと答えたお大師さまに、猟師は「南山の犬飼」と呼ばれている者だと名乗りました。そして、白雲たなびく峰を指して、「あの高野の原が探している土地であろう」と教え、二匹の犬を案内役として貸してくれました。

峰の麓に着いたところで、日はとっぷり暮れ、あばら家に灯りがともっているのを頼りに、一夜の宿を頼みました。そこには、年老いた男が独りで住んでいたのです。

翌朝、山道を案内してくれた老人は、頂に近い平原に出ると、本名を名乗ります。

「我は、この山を預かる高野明神である」

それは、イザナギ尊の子である丹生都比売命の長子でした。そして、自分の土地をお大師さまのために使うようにと勧めたのです。この伝承の背景に、高野山一帯を支配する丹生一族が、お大師さまが修行場を創ることを支援して、土地を寄進したであろうことが読み取れます。

お大師さまは、ようやく伽藍建立の地が見つかったので、朝廷にその許可を求めます。

「空海少年の日、

好んで山水を渉覧《しょうらん》せしに
吉野より南に行くこと一日にして、
更に西に向かって去ること両日程、
平原の幽地あり。
名づけて高野《たかの》という。
計りみるに紀伊の国、
伊都の郡《こおり》の南に当る。
四面高嶺にして
人蹤蹊絶《じんじょうみち》えたり、
今思わく、
上は国家の奉為《おんため》にして、
下はもろもろの修行者の為に
荒藪《こうそう》を
芟《か》り夷《たいら》げて、
聊《わず》かに修禅《しゅぜん》の一院を建立せん」

真言門徒ならよくご存知の、お大師さまの文章です。西暦八一六年六月、お大師さまがときの嵯峨天皇に高野山を賜りたいと願う文を書いたものです。

真言という仏さまの言葉を尊ぶ教えは、まさに峰峰に木霊する霊気によって宇宙に響くのです。

「高山は風起り易く
深海は水量り難し
空際は人の察する無く
法身のみ独り能く詳らかなり」

お大師さまの『遍照発揮性霊集《へんじょうほっきしょうりょうしゅう》巻一』の巻頭を飾る「山に遊びて仙を慕う」の詩の冒頭の一節です。

きびしい自然のなかで瞑想し、学び、実践することによって、山川草木悉皆成仏、あらゆる生命が仏であることを実感していくのです。私は真言行者として、自然から多くの仏さまの教えをいただきました。永遠の生命が、我が身にしっかりと受け継がれている神秘を感応するのです。

政争から離れて自然と一体になれる場所

お大師さまは、修行の場として、自然に囲まれた高野山を選びました。都から離れた地を選んだお大師さまの叡智を、私は思います。都に密接していれば、時の政治に巻き込まれるおそれがあります。お大師さまは、唐の都に留学しているときに、政治というものが抱える波乱を知りました。玄宗皇帝と楊貴妃のお話は、お大師さまの胸に深く刻まれたはずです。また、帰国して知った朝廷の権力争いもありました。

そうした政争から離れた場所に道場を開きたいと、お大師さまは願ったのであります。都に密接する比叡山は、何度も政争の舞台となりまして、織田信長の焼き討ちに遭っています。都から離れて修行の道場を開いたお大師さまのお考えは正しかったと思います。

日本人は、もともと自然とともに生きてきました。自然と自分と渾然一体になれる、そういう暮らしをしてきたのです。

夕間暮れになれば、亡くなった人たちの霊が現れると考えて、その世界を日常のなかに入れ込んで暮してきたのです。

自然とともに生きることは、見えないものに敬意を表す心を育てます。先祖や亡くなった親しい人たちが、木々の梢から見守ってくれているように思い、遠くで亡くなった人が蛍になって帰ってきたと、信じて生きていました。そして、その見えないものの「お陰」を信じる心から、新たな日々を生きる力が湧き出るのです。

「しぜん」と読みますか、「じねん」と読みますか。自然とは、私たちが生きている、この宇宙空間のあるがままの姿です。

現代は、自然に帰れといい、自然のなかで生きようといい、自然を取り戻せ、といいます。あまりに自然という言葉が氾濫しているのではないか、という思いにとらわれてしまうこともしばしばであります。

日本人と、東洋人の自然感について、河合隼雄先生（一九二八〜二〇〇七）は語っています。日本の自然はどんな天災にあおうともいっぺんに再生するたくましさを持っている、と。

河合先生は、心理学者であり、京都大学名誉教授、文化功労者であり、文化庁長官もつとめました。その方の言葉ですが、ヒマラヤの山岳地帯から連綿と続いている照葉樹林は、「魑《ち》魅《み》魍魎《もうりょう》の世界」だ、と言います。森というのは、微生物がたくさん生息しています。とくに日本の森には、たとえば危機に瀕している熱帯雨林とくらべても、再生能力がたいへん高いのだそうであります。だから、日本人にとって自然を守るということは「ご先祖さんのお陰」という言葉に言い尽くされている、というのです。

河合先生は、

「ここに木が生えているのも米をいただくのも御先祖さんのお陰です。今の時代はそんなアホなことがあるかというふうになっていると思うんです。どんどんどんどん大きな木を伐ってる。御先祖さんというのは、われわれ日本人の御先祖さんもありますけれども、人類の御先祖さん、生物の御先祖さんもみんなあって、今われわれがあるのは自分の力でも何でもないいんだ」

（新潮社刊、『立花隆マザー・ネイチャーズ・トーク』）

科学者の重みある言葉として、忘れることができません。

「自然の言も自然なること能《あた》はず」

自然という言葉にとらわれることは、自然にはほど遠い状態なのだよ、と教えたのはお大師さまでした。心のはたらきが自在であること、それが自然なのだというわけですが、それなら心のはたらきを自在にするにはどうすればよいのか、お大師さまは「空」を説いて教えました。

解放された心、「空」の状態こそが、生きる力を無限に発揮できることなのです。

高野山に満ちた霊魂のエネルギーを感じ取りながら全身全霊を働かせて生きる

真言という仏さまの言葉を尊ぶ教えは、まさに峰峰に木霊する霊気によって宇宙に響くのです。

「高山は風起り易く
深海は水量り難し
空際は人の察する無く
法身のみ独り能く詳らかなり」

これも、お大師さまの『遍照発揮性霊集巻一』の巻頭を飾る「山に遊びて仙を慕う」の詩の冒頭の一節です。

きびしい自然のなかで瞑想し、学び、実践することによって、山川草木悉皆成仏、あらゆる生命が仏性であることを実感していくのです。お大師さまが、いかに自然を愛していたか、とりわけ高野山の自然を愛し、そこに永遠の生命を置いて、いまも私たちを包み込んでおられるのかを、私は広く伝えたいのです。

お大師さまの教えの基本はなにか。

「密教は自然界に霊魂（アニマ）の存在を感じ取る思想をその根底に宿しています」

アニミズムとよばれるこの宗教思想は、日本人だけでなく、世界のあらゆる民族に古代から見られる共通の感性であり、宗教の根幹に存在しているものだと、『空海のこころの原風景』（村上保壽著）という本にあります。

お大師さまは、その「自然界に満ちている霊魂の存在と霊的なエネルギーとでもいうべきアニミズム的ないのちの存在」を感じ取り、自然そのものとなっているというのです。高野山という大自然を通して、お大師さまの「こころ」が伝わってくるのです。

お大師さまの教えには無常観や虚無的なものはありません。密教は生きる力を得る教えであります。明日への希望を抱く教えであります。「無」は何もないのではない、いのちを生み出すものだというのが、お大師さまの教えです。私も、そう思って、教えを説いてきました。

密教とは肯定の教えであります。現実を実践の場として生きることによって、大日如来の世界を得ることができると教えます。生きることは動くこと。世を捨てたり、現実から逃避していては永遠のいのちの世界に到達できないと、お大師さまは教えています。密教が、他の仏教と異なる根本は、そこにあると、私は信じています。

人と人、人とものの距離感は、仏といのちのつながりに行きつきます。「間」こそは、現代人が見失いかけている「こころ」と「こころ」の絆であります。都市化、経済化、核家族化、グローバル化などなど、現代日本は自然を忘れ、こころを忘れかけています。いま、我がこころを見つめなおし、感じなおすときであります。

宇宙のなかの自分を感じるとき、私たちは仏のこころに触れます。お大師さまは、高野山に満ちた霊魂のエネルギーを感じ取りながら、全身全霊をはたらかせて生きることこそが大日如来の世界にいたる道だと、説いたのです。その「こころ」は、いまも高野山に満ちています。

「花野道生者も死者も通りゃんせ」

これは、高野山の伽藍守りと自らを言う俳人、山陰石楠《やまかげせきなん》先生の句であります。傘寿を迎え山陰先生は、高野山の霊気を、このように詠んだのです。高野山では、生者も死者も共に在ることを、私たちに教えてくれる句であります。山川草木のいのちが共にあることを、忘れてはなりません。

山川草木悉皆成仏。お大師さまが教えてくれた生命の本当の姿を、高野山で感じることができると、私は信じています。

私が、高野山で暮らしたのは、半世紀も前のことです。高野山大学で学んだ四年間でした。今にして思えば、お大師さまの大きな心に包まれて安心して過ごした大学生活、青春の貴重なときだったのです。

「丹生」という名に秘められているお大師さまの深い智慧

真言密教の聖地である、その高野山に神社があるのはなぜですか、と聞かれることがよくあります。

私は神仏混合の名残濃い鹿児島の出身ですし、代々修験行者の家で生まれましたから、お大師さまが開いた高野山に神社があることに、違和感を覚えたことは一度もありませんでした。

ともかく、高野山の神社といえば、地主神を祭る丹生都比売《にうつひめ》神社です。

高野の自然の陰に隠れた「丹生都比売」は「丹生津比売」とも書きます。

「和上住する時、しきりに明神ありて衛護す」と、『空海僧都伝』は伝えます。

「吾が性、山水に狎れて人事に疎し、またこれ浮雲の人《にん》なり。年を送りて終わりをまつこと、必ずこの窟の東たらん」

お大師さまは、高野山におられるときは、いつも明神が守っていました。そして、弟子たちに言っていました。

「私はもともと山や水のある自然になれ親しんでいて、人にかかわることは疎く、また浮雲のような存在である。ここで年を送り、最期はこの洞窟の東の方の峰で迎えたいと思っている」

お大師さまは、何事にも動じない盤石の岩のようかと思っていますのに、「浮雲のようだ」と、ご自身のことを言っておられることに、私は胸をつかれます。

しかし、雲水という言葉があるように、人は本来はこの世を雲のように空に浮かび、水のように流れている存在なのでしょう。

さて、お大師さまを護っている明神とは、丹生都比売命であります。「丹生」という名に秘められているのは、お大師さまの深い智慧であります。

最近では、丹生が水銀とかかわりの深い名前であることから、高野山ひいてはお大師さまと水銀との関係を研究する文献がいくつも一般書として世に出ています。

お大師さまは、中国に留学している間に、シルクロードを伝わってくるインドや西洋の科学に触れ、また中国に古くから伝わるタオの知識を探求して日本に持ち帰っています。鉱山学は、その大きなものでした。ただ、お大師さまが持って帰られた知識は、文字として残っているわけではありません。

現代にいたって、ようやくお大師さまの科学者としての一面に光を当ててみる研究が始まったというべきでしょう。

私は真言行者として、自然から多くの仏さまの教えをいただきました。永遠の生命が、我が身にしっかりと受け継がれている神秘を感応するのです。

お大師さまは、承和二年三月二十一日に高野山で入定されました。西暦の八三五年にあたります。亡くなった、とは申しません。お大師さまは、いまも奥の院で生きておられるというのが、わが真言密教の教えです。

この世の寿命を悟って、十カ月あまり前に弟子たちを集め、遺言を残されたお大師さまは、そのしばらく前から五穀を断ち、承和二年正月からは飲み物も断ちました。

おそらく水銀から成る薬石を服用していたのではないか、とする在野の研究者が少なくありません。

水銀は、体内から排出されにくく、中毒症状を起す毒ですが、道教では不老長寿の薬ともされます。不老長寿については、後ほど詳しくお話しましょう。

「丹」とは赤土のこと、水銀と硫黄の化合物で赤土とも辰砂《しんしゃ》とも、丹砂とも言います。

すこし煩雑ではありますが、古代から伝わる言葉を整理してみます。

丹砂の赤い色と銀色に輝く水銀の粒

丹は、道教の言葉としては別の意味がありますが、それは後にして、まずは鉱物としての丹からお話しましょう。

丹砂というより、「辰砂」が広く使われてきました。朱砂ともいうように、美しい赤い色をしています。中国湖南省辰州で産出したので、この名がつきました。天然の水銀の素です。

水銀は、遠く古代から知られていた金属です。紀元前一六〇〇年頃の墓からも検出されます。

世界各地で産出され、中国では殷の時代にはすでに辰砂を使っていました。ギリシャでは水銀化合物を医薬の軟膏に使っていましたし、日本では縄文時代の土器や土偶にすでに使っています。神功皇后の新羅遠征に当たって朱砂で鉾や軍衣を染めたと伝えられます。魔よけとして使われたのです。

辰砂、丹砂、朱砂と、どのように呼ばれようと、この赤土はじつに美しい赤い色をしています。その鮮やかな赤に古代人は魅せられたに違いありません。

水銀は、不思議な形状をしています。体温計を壊してしまった経験がある人ならわかるでしょう。ころころと転がるようにして、水銀はついたり離れたり、とらえどころのない、始末の悪いものです。

そんな物資を、古代人は畏れたり、尊んだりして、使いこなしてきたのです。

鉱脈の母岩の割れ目に、辰砂は存在しています。水銀を含んでいるので、辰砂を集めて熱を加えて気化させた水銀を得るのが普通です。それだけでなく、鉱脈の表面から水銀が自然に汗の状態で吹き出しているのを採取することもできるのです。

私は、こうした天然の鉱脈を見たことはありません。しかし、鮮やかな朱色の砂の上に銀色に輝く水銀の粒が浮かび上がっている岩場を想像すると、古代の人たちの感動が伝わってくる思いに駆られます。

高野山に分け入ったお大師さまも、きっと丹砂の岩とそこににぶく輝く水銀の「水滴」を見たのではないか。

私は、いまなおうっそうと樹木が生い茂る高野山の奥の院のたたずまいを思い起こしながら、自然が造りだした朱といぶし銀の「芸術」を発見したお大師さまの心を想像しています。

そこに、仏さまの生命力を感じて、高野山に修行の場を造ろうとしたであろうか、と。

水銀は、最近はデジタルのものが多くなってしまいましたが、体温計や寒暖計などに使われています。水銀を使ったものは、このほか赤チン、赤インキから電池や蛍光灯など、いまでも身の回りにたくさんあります。

しかし、毒性も強くて、戦後日本の公害病の原点になった水俣病は、水銀中毒によるものでした。

古代の人は、その毒をコントロールしながら、水銀をじつに多目的に使っていました。古代の錬金術ではもっとも好まれた金属でしたし、高貴な人々が亡くなったときに、朱を入れる風習は最近まで続いています。いつまでも腐らないとされたのです。

水銀を産出することが、高野山を選んだ理由？

真言宗の秘法に「土砂加持」があります。これは、奥の院で採取される砂を光明真言《こうみょうしんごん》をもって加持するものです。光明真言を唱えながら土砂を遺体にかけると遺体は硬直しないという説もありますが、本来の目的は亡くなった方たちの供養として修行されます。

土砂は必ずしも高野山奥の院のものでなくともよいのですが、それはそれとして、やはり奥の院の丹砂については、お大師さまは秘して伝えようとした、不思議な力があると信じています。

近年になって、高野山の結界七里の砂には高品位の水銀が含まれていることがわかりました。歴史地理学の権威である松田壽男《まつだひさお》氏が全国の「丹生」という名の土地を調べて判明したものだそうです。

松田氏によれば、丹生明神を祭る高野山は巨大な水銀鉱床であり、丹生氏は古代の水銀技術者集団だった、といいます。

水銀は、古代の冶金に欠かせないものでありました。常温で液体という唯一の金属元素である水銀は、多くの金属と合金を作る傾向が強く、これをアマルガムというのですが、たとえば、銅に金を付着させるためには欠かせないものです。

東大寺の大仏を鋳造するために、使われた水銀の量はおよそ五十トンと推定されています。黄金に輝く大仏像を造るには、大量の水銀が欠かせなかったのです。

お大師さまと東大寺とのご縁を思えば、水銀の重要性はよく知っておられたと考えられます。高野山を選んだ理由に、水銀を産出する山であることを見抜いていたことは、じゅうぶんに推測されます。

なんといっても、お大師さまは古代鉱山学に精通していたことは、いまでは「通説」になっています。若き日に山野を駆け巡って修行したときに会得したものでありましょう。

あるいは、生家の佐伯氏に伝えられた知識が土台になっていたのかもしれません。

佐伯氏は、東北の討伐に関わった一族といいますから、鉱物資源の豊富な土地で得た知識があったことでしょう。古代の豪族は、資産形成につながる産業の知識を、秘伝として一族に伝えていたのです。

研究者のなかには、お大師さまが修行として深山幽谷を歩いたのは、じつは錬金術師として鉱床を発見するためだった、と解く向きもありますが、私はそうではないと考えています。修行が第一であり、鉱物への探求はそれに付随していたものだったはずです。鉱物だけでなく、野山に生える薬草の知識も習得しました。天体も観測したことでしょう。

若き日の修行は、お大師さまにとって自然という偉大な「研究室」で学ぶことでもあったのです。そうした「実験」を裏付けたのが、唐への留学でした。お大師さまが湖南省に滞在した記録があることで水銀との関わりを解く研究者もいます。湖南省は水銀の産地なので、その精錬法を学んでいたのだとしています。

そうした「傍証」から、お大師さまと水銀との関わりを捉えてみれば、たしかに高野山を支配していた丹生一族に、中国から持ち帰った水銀の最新知識を伝え、その代わりに土地を譲り受けたという推論も成り立ちます。

これは、ティンチングが日本の冠婚葬祭を記録した『日本風俗図誌』に書いたもので、そこには、この土砂はお大師さまが発明し、真言宗が販売の独占権をもっていて、その煎じ汁は難産、眼病、保健、延命に効能があるとも書いているのです。土砂加持と「土砂」について明らかにした数少ない記録です。

ここでいう「土砂」は、高野山奥の院の丹砂を光明真言で加持したものでしょう。これを、高野山が売っていたという記録です。いまでは、陀羅尼助《だらにすけ》だけになりましたが、お大師さまは唐から持ち帰った医薬の知識は、膨大なものであったことだといわれます。

道教では不老長寿の薬を「丹」といいます。内丹と外丹とがあった、内丹とは、ヨガやさまざまな儀礼を使って身体の内部に気を運用し、金丹をつくり、不老長生を得るものです。金丹とは、これを服用すれば不老長生を得るものとされます。丹をつくるには人里離れた名山で、斎戒沐浴して身辺を清潔にしなければならないとされます。

お大師さまは、高野山には、他の宗派でも受容れましたが、東寺は真言僧だけの道場として「閉鎖」しました。これら二十一尊は、一九六五（昭和四十）年まで、一千年以上も秘仏として公開を許さなかったのです。

八

大日如来を中心に置く曼荼羅図

「三鈷《さんこ》の松」

お大師さまと高野山開創を結ぶ代表的なものといえば、「飛行三鈷杵《ひぎょうさんこしょう》」です。御影堂の前に「三鈷の松」と呼ばれている松の木があります。

これは、お大師さまの伝説によって名付けられた松の木であります。

お大師さまが留学から帰る船の上、往路で嵐に遭って船が流されましたので、復路の難儀は、予想されることでした。

案の定海は荒れ始めますが、お大師さまは遣唐使の高階遠成に申し出ました。

「私は帰路の厄難除けにと、不動明王の尊像を一刀三礼を以って彫り上げています。師の恵果和上から伝授された秘法の呪法で不動明王を祈り、千尋の底の毒龍を降魔の剣で折伏いたします。どうぞ、お心安らかに」

この不動明王像は、恵果和上から与えられた木材を自ら彫って、和上に開眼加持をしていただいたものでした。「一刀三礼」とは、一彫りするたびに三礼するという、きびしいものです。

この尊像を船首に壇をかまえて祀ったお大師さまは、三鈷をしっかりと右手にもって、舷に立ち、しばらく黙祷してから、これを高々と頭上にあげて、申しました。

「日本国土に密教弘布《ぐふ》の相応地あらば、まさしくその地を点ぜよ」

そうして、これを東方の大空に向けて投げ上げました。

「日域（日本のこと）に我が受け継ぎし密教宣布に最適の霊地あらば、急ぎ帰ってわれに示せ」

お大師さまは、こう祈りながら三鈷を日本の空に投げましたところ、不思議なことに三鈷は金色に輝きながら雲のなかに消えた、といいます。

のちのことに、お大師さまが高野山を修行の道場とすべく朝廷から賜ったとき、この三鈷が高野山の松にあったとも、地中から現れたとも言い伝えられます。現在は三鈷は、高野山の宝庫に保存されています。とても大きなものです。

船上ではなく、帰国を前にしたお大師さまが祈りを込めて投げたとも伝えられます。お大師さまは、帰国に先立って、明州津、いまの寧波《ニンポー》港で、恵果和尚から授けられた三鈷を手に祈念を凝らしました。明州の浜に立たれ、「私が受けついだ、教法（みおしえ）を広めるのによい土地があったら、先に帰って示したまえ」と祈り、手にもった「三鈷」を、空中に投げ上げました。三鈷は五色の雲に乗って、日本に向かって飛んで行ったとも伝えられます。

ふつう、松は二葉かあるいは五葉なのに、この三鈷の松は三葉です。そして、この松には高野山開創にまつわるお大師さまの霊験が語りつたえられています。

三つの鉾を執って加持することは、我が身に御仏の力を持とうということ

宇宙の森羅万象は、すべて我が身のことであり、阿字などの梵字にはそれぞれに意味があり、刀剣や金剛杵などの仏具はみな不思議な力があると、お大師さまは教えておられます。

金剛杵のルーツは古代インドの武器で、両端が三叉の鉾になっていたものと想像されますが、これが中央の鉾を中心にして内側に向かった形となり、武器から転じて菩提心を表す祈りの法具となったのです。鉾が外に向けられている限り、争いのもととなりますが、己の内なる煩悩と戦うものであれば、これは菩提の心を象徴するものとなります。

三鈷のほかに、両端が一本の鉾となっている独鈷、両端が五叉になっている五鈷、五鈷に鈴がついている鈴鈷などがあり、これらの法具を総称して「金剛杵」と名付けていますが、単に金剛杵という場合も三鈷のことをさしていることが多いというほど、三鈷は重要な法具なのです。

三つの鉾は、御仏の身口意を表しているとされますから、御仏のすべてのはたらきの象徴でもあり、行者がこれを執って加持することは、まさに御仏のはたらきを我が身に加えて、我が身に御仏の力を持とうということなのです。

「行者手に三鈷杵を執らば毘那夜迦《びなやか》も障難を為さず」と、「蘇悉地経《そしつじきょう》」にありますように、護摩行あるいは念誦のときに、左手に三鈷を執れば諸事成就するといわれるほどの法具です。

お大師さまの教えにしたがえば、超能力という考え方そのものが、間違っています。どんな能力も、これは大日如来から人間が分けていただいたもので、これを超えるものではありません。スプーンを曲げるのも、病気を癒すのも、もともと人間に備わった能力なのです。

梵字にさまざまな現象が込められているように、仏像や仏具の刀剣や金剛杵が不思議な力を備えているように、私たち人間には不思議な能力がたくさん備わっていることを、まずは知ってほしいのです。

五鈷杵を胸の中心で握ることで宇宙の霊気を吸収できる

五鈷杵は加持力を象徴する法具ですが、中央の鉾を中心にして四本の鉾が内側に向けられたということは、それは武器ではなく法具となって、如来の叡智によって煩悩を制御するときに加持力が与えられることを意味するものであります。

五鈷杵の使い方は密教の宗派内でも違いがあり、その主体性は行者に委ねられ、実際の現場では持ち方、使い方も任意であります。

私の場合、普段、行や加持をする際に、遍満する宇宙生命体の霊気を取り込むため、まず、五鈷杵は右手に持ち丹田を意識しながら呼吸をおこない、精神を集中して五鈷杵を縦にし天と地を結びつけます。そして、五鈷杵の両端の鉾と刃よりも、柄の中央にある鬼目から天地の霊気を取り入れるように想念しながら右の腰部分に差すことで、自分自身が五鈷杵そのものとなり、天と地と周囲のエネルギーを吸収しながら宇宙に遍満している慈悲と智慧と神秘の威力を得るのです。

私は高野山大学の学生時代、全国宗教舞踊大会で準優勝をしたことがあります。そのとき、総長賞として十五センチ大のお大師さまの厨子を頂戴しましたが、この厨子に納められたお大師さまの仏像は五鈷杵を胸の中心に位置するようなお姿であります。

　これは、お大師さまが入定される直前の肖像画である「御影」と同じお姿ですが、私はそこに隠された理由があるのに気がつきました。

　お大師さまが握っている五鈷杵は、胸の中心の古くから気功でいう「膻中」というツボに位置しています。「膻中」は宇宙に遍満する霊気の出入り口であります。また、掌の中央には労宮という強力なツボがあり、労宮で五鈷杵の中心を握ることで宇宙の霊気を最も効率的に吸収し、胸の真ん中にある「膻中」というツボの前に五鈷杵をもってくることで、宇宙生命体の霊気を効率よく取り込みやすいのです。人がこの身のままで宇宙生命体と一体となる。その、もっとも完成された姿勢が「御影」のお姿ではないか、と私は推測しています。

　五鈷杵は使い込むことで、五鈷杵に行者の魂が入ります。すると五鈷杵の両端の片方が、それぞれの四つの刃のうち三本以上が時計回りの右向き、もう片方が逆の左回りに向くことが多く見られます。

　なぜ、右回りと左回りに刃が向くのでしょうか。密教では、香水を定められた作法によって清め、それを注いで、煩悩やけがれを除くことを「加持香水」といいますが、この作法を行うとき、散杖を香水が入った酒水器に入れて、梵字の「ラン」をもって左に転して二十一遍加持し、その後、「バン」の字をもって右に転して加持することと通じている、と私は推測しています。

ラン字の智慧の火によって人と世界との穢れを焼き、一切の諸法を浄め、自らの心地と道場の地を清浄なものとします。

バン字は清浄の大慈悲をあらわし、汚れを取り去り清めます。

行者の身口意が清浄で正しくあるとき、宇宙のリズムと一致することで、五鈷杵の刃はラン字と同じ右回りとバン字と同じ左回りに力が働くのではないか、と私は想像するのであります。

五鈷杵の五本の鈷は如来の五智と衆生の五欲煩悩をあらわす

五鈷杵を通じて天と地の霊気を集めて、この現世である物質世界に働きかけるのが密教の修法であり、その霊気を行者を介して祈願者にもたらそうというのが加持であります。

五鈷杵の上下それぞれの端にある五本の鈷は、如来の五智と衆生の五欲煩悩をあらわしています。

如来の五智とは密教で五つの智慧をあらわしたもので、大日如来の法界体性智、阿閦如来の大円鏡智、宝生如来の平等性智、阿弥陀如来の妙観察智、不空成就如来の成所作智をいい、もう一方の五本の鉾は五欲煩悩をあらわすのです。一方の端に如来の五智が象徴され、反対側の端に衆生の五欲煩悩が象徴されて、智慧と煩悩が柄によってつながっています。それは、この両者は個別のものではなく同種同根であるという意味が根底にあるのです。

密教以外の仏教の教えは塵を払うだけであるが、真言密教は宇宙の庫の扉を開く教えなのだと、お大師さまは教えます。

行うこと、実践することによって、その庫は開くのですから、それがどれほど大切なことであるのか、お大師さまは教えておられるのです。

仏像にみる仏さまは、しばしば「武装」しています。

不動明王の尊像はどの形も右手に利剣《りけん》を、左手に羂索《けんさく》を持っています。

右手に持つ利剣は、不動明王の密教的な象徴を示すものとされて、浄菩提心の智慧を意味するものです。この辺りの詳しい説明は、古来から秘伝とされているものです。

この形だけでも不動明王を表す場合があるほどに、利剣は不動明王の智慧と力のシンボルなのです。

利剣には、また三鈷の形をした柄がついています。「三」は、密教ではたいへん重要な数字になっています。修行とは「貪瞋痴《とんじんち》」という三悪を退治して「身口意」の三つを清めて仏に成るための道です。

不動明王の剣は、まさにこの三悪を断ち切るための「武器」なのです。

お不動さまが右手に持つのは、私たちが迷いの淵に沈もうとする、そのときに、重石となっている「貪瞋痴」を切り取ってくださるためのものなのです。身を軽くして、ほんとうの自分の姿を見つめるところから、再生は始まります。

斬られれば痛い。その痛みを、我が身を救った警報だと受け止められるか、どうか。その心が再生を後押しする風になるのです。

あらゆる熱は火から生じます。熱い火に鍛えられた智慧の「剣」と、温かい慈悲を込めた「綱」こそが、究極の救いです。鍛え、温かく包む「火」を不動明王の象徴としたところに、御仏の深い教えを感じます。

善いことと悪いことは、いつも背中合わせに在るものです。正と邪を対立させて邪を排除して滅ぼそうとするのが西洋の発想ですが、密教はこれをも包み込んで、善いものに変えていくという教えです。火の中に入ってでも人々を救うという、不動明王の智慧と慈悲が、密教の心、火の心であります。

それが「煩悩即菩提」の教えであります。生命力を推し進める煩悩は、形を変えれば覚りにいたる力となります。

武器を、我が心に巣くう「貪瞋痴」を退治するために使うべき

お大師さまは、唐から帰国するときに、無事に帰国できたときには国を護り人々を救うために一つのお寺を建て、法によって修行いたします。願わくは善神は空海を護り、無事に日本に到着させてくださいと祈っています。この誓願が後の高野山開創へとつながるのです。

「飛行三鈷杵」は、一時期、高野山から離れたことがあるようです。平安時代の寛治二年（一〇八八）、白河上皇が高野山へ登山されたおりに、展覧に供したと同時に、白河上皇に献じ、その後、鳥羽宝蔵に納められていたという記録があります。次に順徳天皇へと譲られ、転々とした後、鎌倉時代の建長五年（一二五三）になって、また山に帰ってきたというものです。

以降、高野山では「飛行三鈷杵」をとても大切にし、現在まで厳重に保管されてきました。通常は封印をして納めていますので、よほどの機会が無い限り見ることができません。

不動明王を表す梵字は、智慧の利剣を象徴するカンと、慈悲の羂索を象徴するマンの二

字で表します。

智慧と慈悲とを併せ持って、「剛強難化」の衆生を救うのが、不動明王なのです。

剣はもちろん、羂索も、三鈷もまた戦闘のための武器です。人類は、石器の時代には石を持って戦い、青銅器を開発すればこれで剣をつくり、さらに鉄の剣を開発して、軍装を整えた人々が他を支配していったのです。

人類は、互いに殺しあって、戦争は一人ひとりの心から生まれるというその教訓を、古代の賢者は得ました。ならば、武器を他人を殺傷するために用いるのではなく、我が心に巣くう「貪瞋痴」を退治するために使うべきだと、教えたのです。

不動明王が、本来は侵略してきたアーリア人に滅ぼされた先住民の姿をしているところに、偉大な教えが込められています。その征服された者に、勝者の「文明の利器」である武器を持たせた姿としたのは、人と人とが戦うことの愚かさを、強く戒めとしたのだと私は思っています。「両刃の剣」といいますが、剣に象徴されるように、武器は文明の結集です。武器を使わない世の中が理想的ではありますが、病気によっては外科手術しか方法がない治療があるように、やむなく使用しなければならない場合もあります。しかし、使い方を間違えれば、悲惨な結果が生じます。

その、扱いの危険性を持つ剣を不動明王の象徴としたところに、密教の奥深さを感じてきました。力を、どのように使うのか。智慧を備え、慈悲を具えたものだけが、力を行使できる、と仏さまは教えたのです。不動明王という、大日如来の化身のみが「武器」をその力の象徴としたのです。

慈悲の象徴が「羂索」、綱であることも、仏の深い教えを感じます。人は、煩悩に縛られて苦しみます。その反面、結び、結ばれることによって生かされてきました。生命は、一つでは生きられません。みなネットワークによって、生かし生かされているのです。そのネットワークを、密教では「帝網」、あるいはインドラの網とよびます。天帝の名をとった「網」こそ、生命の様相なのだとお大師さまは繰り返し教えています。宇宙は「ひも」で成り立つという理論もあるそうで、不動明王の象徴は、生命というものを表しているのだと、思わずにはいられません。

高野山をもっと祈りの場として再生したい

このように、高野山はお大師さまの伝説を大切にして今に伝えています。それが、聖地としてのパワーになっているのだと、私は思っています。

聖地とは、祈りの場であります。お大師さまが高野山を開創されたのは、なにより修行の場をつくることを目的としていました。

しかし、現代では、その「祈りの場」となることが、後回しになっているきらいがあります。世界遺産に登録され、訪れる観光客もすくなくありません。それだけに、「祈りの力」を、もっと高めていかねば、現代に巣食う「社会の病理」を癒すことはなかなか難しいのであります。

私が高野山大学の学生だった頃、高野山で出会う老僧はよく「自分は真言行者」と言っていました。しかし、いま「私は真言行者」と胸を張って言える僧侶はほとんどみかけなくなりました。厳しい行法に挑む者も稀になってしまいました。このことが、真言宗の停滞、広くは日本の仏教が元気を失っていることにつながっています。高野山をもっと「祈りの場」として再生したい、行や加持祈祷ができる僧侶をもっと育てて、祈りの力を高めたいと思っています。

真言行者、または密教行者は加持祈祷である呪術が、その生命であります。加持とは密教独自の強力な祈りであり、その真言密教の修法は、日本においては、お大師さまから、千二百年の間、師から弟子、そのまた弟子へと秘密裏に、口伝によって伝えられてきました。お大師さまが日本に招来した密教の強みは、その実践的な呪力にありました。

お大師さまの教えの根本は、加持祈祷という特別に強い祈りであります。それは、病気平癒や所願成就など現世利益を享受するための祈祷であり、真言密教は加持祈祷宗といえるのであります。

根本大塔《こんぽんだいとう》の内部は大日如来を中心にして、立体曼荼羅となっている

お大師さまは、高野山上に大日如来の世界を表す伽藍を建立することに、力を注ぎました。壇上伽藍は、大日如来が鎮座します道場を表しています。

ここは、難しい密教の教義を、建造物や仏像、絵画などをビジュアルで表現したものです。そこは、曼荼羅の世界をそのまま具現化した世界です。

根本大塔は、お大師さまが最初に着手した塔で、高野山のシンボルですが、何度も火災に見舞われて、江戸時代末期の天保十四年、西暦一八四三年に焼失して長らくそのままになっていましたが、昭和九年、一九三四年になって、ようやく再建されました。

大塔の内部には大日如来を中心にして、周囲に四仏が安置され、柱には十六大菩薩を描いて、立体曼荼羅として造られています。

この伽藍金堂では、毎年四月十日の朝九時から「庭儀大曼荼羅供」が行われます。これは、高野山の最大の行事で、山内で行われるさまざまな行事のなかで、もっとも古くから

行われたもので、お大師さま自ら修法したと伝えられているものです。

山内の僧侶たちはきらびやかな袈裟を身に着けて、さまざまな役の人たちと壇上伽藍を練り歩きます。このように戸外で行う行事を「庭儀」というのです。

それから、金堂に掲げられた大曼荼羅を供養します。その功徳によって、聖霊得脱や本尊法楽を祈るのです。声明が唱えられ、五感に響く感動を伝えます。

お大師さまは、唐から帰国するとき、恵果和上から受け継いだ五点の曼荼羅を持ち帰りました。胎蔵界と金剛界曼荼羅とに、大きく分けられます。ひと目見て、その違いはわかります。

胎蔵界曼荼羅は正式には「胎蔵生曼荼羅」と呼ばれます。『大日経』に基づくもので、大日如来の慈悲が広く人びとに伝わって、これに気づく様子が描かれ、大日如来を中心に十二に区分されています。

金剛界曼荼羅は、『金剛頂経』に基づいて人びとが覚りに至る方法と、堅い意思とが示されています。

高野山のものは、「根本曼荼羅図」を写し取った彩色本ですが、現存する最古のものとして、大切に保存されています。

曼荼羅図には、仏さまの世界が描かれていますが、現世のご利益を表していることもあって、「聖と俗」が曼荼羅のなかに一体化して表現されているのです。

「四種曼荼羅不離」と、お大師さまは『即身成仏義』でうたいました。すでに簡単な説明をしました。「即身」を形で表しているといいますか、様相を説明しているものです。

「即身成仏」という言葉に、最初に注目したのは、お大師さまだったろうと、頼富本宏《よりとみもとひろ》氏が説いています。膨大な密教経典のなかからその本質を鋭く指摘したところに、恵果和上が絶大な信頼を寄せた、お大師さまの非凡さがあるのですね。

「曼荼羅に入る」と説いている世界こそ、この世とあの世が一体になっている真実の世界

密教は、それまで『大日経』を根本とするものと、『金剛頂経』をそれとするものと二つの流れがありました。恵果和上は、これを一つの教えに統合して、お大師さまに教え継ぎました。慈悲と智慧との二つによって、仏さまの功徳が人々を救うのであり、この力を得て伝えるのが行者なのです。

大乗仏教では、悟りにいたるまでには、気の遠くなるほどの長い時間をかけて輪廻を繰り返し、修行を積んで、ようやく覚りに至るとされます。

しかし、そうではない、御仏の智慧によって、現世において「曼荼羅に入ることができる」、瞬時に「量りしれない仏の誓願やあらゆることを保持する力を得るだろう」と、経典にあります。

それは、密教が特別に、全身全霊で祈る行法をそなえているから、速やかに成仏できるのだ、と教えるのです。私が先祖や先達から受け継いできた行、秘法こそ、密教のもっとも大事にしているものだと、教えを心に刻んできました。

「曼荼羅に入る」と、説いている世界こそは、この世とあの世とが一体になっている、真実の世界なのです。

私は、常々、目に見える世界だけが生命ではないと申しています。目に見えない霊の世界は、見える世界の何倍もの大きさで存在しているのです。

四種類の曼荼羅がそれぞれ真実の姿を表して、そのまま離れることはない。「不離」とは、「すなはち即の義なり」と、お大師さまが教えるのは、その姿なのです。

「曼荼羅に入る」ということは、霊と生身とが一つになっている生命を認識することなのだと、私は解いているのです。

生命が「不離」であることを理解すれば、それは「即」、この身のままで仏さまの世界を知る、悟ることだ、という教えが、ここにあります。

動くものに、私たちは生命を感じます。永遠に動かないものを、私たち人間は「死」と呼ぶのであります。

一瞬たりとも止まっていないのが、生命の姿です。流れる水が、粒子の集合体であるように、映画のコマ送りのように、私たちの生命はまたたきをくりかえしながら、一つの人生をまっとうしていくのです。生命は、一瞬ごとに動いているのであります。

桜の花びらを見ていまして、生命は動くものだと、あらためて実感したとき、私はふとお大師さまの実践の教えとは、生命の姿を教えて下さっていることなのだと、はたと思い至ったのです。

不動明王は大日如来の化身。大日如来こそ生命の源

動くこと、行動すること。それは現代にもっとも欠けていることではないでしょうか。人が動けば、これは「働く」という文字になります。はたらくというのは、はたをらくにさせること、人の心をもって動くことは、我が身のことではない、人のために動くことであります。

そう考えていきますと、動物ではなく人として生まれた生命の使命とは、他のものの手

助けをすることができる能力を御仏からさずかったということなのだ、と気づきます。

文字を考えた人が、どうして人が動くことを働くとしたのか、いまとなっては正確なことはわかりませんが、ただ動くのと、働くのとでは、内容も結果もちがっていたからにほかなりません。

互いに人のために動いて、そこに人と人とが共存できる社会が成り立つのです。動くということは、ただ身体が動くのだけではありません。

口が動けば、言葉となります。意志が動けば、感動が生まれます。

感動を言葉と行動で伝えて、初めて人は他人に自分の意志を伝えることができるのでありましょう。

心を動かしますと、相手のことを思い巡らすことができるのですが、心を動かさずにいますと、自分の狭い判断だけでものごとをきめつけることが多くなります。

喜怒哀楽。感情の表現は、じつは生命の表現であります。生命が幼ければ、喜怒哀楽の表現も幼いものになります。自分の喜怒哀楽だけを表して、相手にどう伝わるのかがわかりません。

この世に、この身体を授かって、生まれてきたのですから、動くということが、この世の生命の表現ではないでしょうか。

身体、心、意志、どれを動かすにも、脳のはたらきがなければなりません。脳は、絶えず動いて、私たちを生かしてくれています。脳も私たちの身体の一部だから、脳で考えたこと以外は信じられないという意見を持っている人が、少なくありません。

私たち人間にとって、地獄は決して死後のことではありません。誰もが「地獄のような苦しみ」を味わった経験はありましょう。それぞれに、苦しみの状況は異なっても、その原因はどうでしょうか、目先の欲望にひたってしまった結果の苦しみではないでしょうか。地獄に落ちなんとする人間、自分を見失っている者たちを、救おうと立つのが、不動明王であります。

どれほど苦しいのか。行者は行を通じて苦しみをお不動さまに伝え、炎と変えていただくのです。

このお不動さまへの信仰は、日本がもっともさかんだといわれます。

私は、日本人の生真面目さ律儀さが、不動信仰の底にあると感じています。のんきに手を合わせてご利益を願うというのは、どうも日本人の性分に合わないのかもしれません。

なぜ、不動信仰が日本にこれほど定着したのでしょうか。いままでは、仏教の故郷インドでも、チベットでも、中国でも、日本のようにお不動さまを信仰する流れは見受けられません。空海が唐で学んで正統を受け継いで帰国した密教が、インドから移入されたばかりの教えであったことが、一番の理由です。

お不動さまを日本に請来したのは、お大師さまです。

不動明王はインドに興った密教経典『不空羂索経』に初めてその名が表れます。『大日経』にも説かれていて、おそらく七世紀後半に密教の明王として登場したと思われます。

お大師さまが唐に留学した時期、唐帝国は不空、善無畏など、密教の高僧たちがいました。その教えを直接受けた恵果和上から、インド直伝の密教を受け継いだのが、お大師さまでした。したがって、密教で重要視する不動明王への信仰を、お大師さまは直伝のままに日本に持って帰ったのです。

お不動さまは、古代インドで征服された先住民だったとされます。戦いに敗れて奴隷の身となりましたが、その無念に負けずに、身を捨てて地獄の入り口で人々を救っているのです。

憎しみや怒りを持っていたのでは、闇の苦しみから逃れることはできません。無念の思いを、どれだけ清らかな力に変えて、世のため人のために尽くすことができるのか。そうして、私たちは救われ、仏さまの安心の世界へと行き着くのです。

もっとも悲しみを知っているお不動さま。もっとも寛容の心で、人々を包み込む安心の仏さまが不動明王なのです。

私は、生まれながらに、お不動さまとともに在りました。母は、お腹に子がいるからといって、行を休まずに続けたそうですから、私は生まれながらにお不動さまのご縁をいただくことになりました。

密教では、大日如来を生命の源としています。宇宙は大日如来そのものですが、衆生それぞれの苦しみを自ら救うのではなく、その悩みを解決するための使者によって、人々を救うのです。

不動明王は、その最高仏である大日如来の化身であり、使者としての役目を持っている、密教ではどれも重要な仏さまであります。

それでは、大日如来とは、どんな仏なのでしょうか。

大日如来には、三つの特徴といいますか、特質があります。

「除闇遍明《じょあんへんみょう》」「能成衆務《のうじょうしゅうむ》」「光無生滅《こうむしょうめつ》」であります。

この三つは、大日如来の智慧と慈悲と真理の永遠不滅性をあらわしています。大日如来こそ、私たちの生命の源であります。それは、光であります。

高野山での修行によって、真言密教の僧を教え導き、お大師さまが伝えようとしているのは、大日如来を中心に置く曼荼羅図であります。多くの人々が、心に高野山を抱いて、御仏の世界に遊んでいただきたいと、願っています。

九

聖地としての祈りを高める

祈りの陰にあった天災や病魔、飢饉におびえる庶民を救いたいという願い

お大師さまが高野山を開いて間もない弘仁九（八一八）年七月、関東地方に大地震が起きました。マグニチュード七・九という巨大地震によって、広範囲に大被害が発生して死者が多数出ました。マグニチュードは八以上だった可能性があるとする研究者もいます。山が崩れて谷が埋まること数里に及んだと伝えられました。

朝廷の反応は素早く、地震の翌日、朝廷から詔が発せられて、関東諸国に使者が派遣されて、見舞い金の交付や免税などが行われたと記録されています。

この地震を皮切りに、平安時代は地震の活動期に入り、天長四（八二七）年八月には、京都で地震があり、これは夏と年末と続いたために、僧百人に大極殿で大般若経を三日間転読させたという記録があります。嵯峨天皇がお大師様に寄せる信頼を思えば、このような祈りにお大師さまが関与しておられないはずはありません。

この後も日本列島の各地でマグニチュード七クラスの地震が続き、貞観六（八六四）年五月には富士山が噴火して青木ヶ原樹海ができました。同じ時期に阿蘇山も噴火していま す。

そして、貞観十一（八六九）年七月に千年に一度という巨大地震が東北地方を襲い、死者は千人を数えました。

平安時代といえば、文化の華が開いた穏やかな世だとイメージしますが、巷では打ち続く地震や疫病、飢饉が庶民の暮らしを脅かしていたのです。

この頃は、庶民の間では死者があっても遺体を捨てることも少なくなかったので、災害時には、すぐに埋葬するようにと、朝廷は命じて疫病の発生を防ごうとしたのです。

お大師さまは、そのような世の中の状況を見過ごすことはなかったはずで、高野山を開いてなお、社会のために活動しました。表だっての活動ではなく、大事が起きればすぐに動いておられました。

天候も不順続きで、お大師さまは雨乞いの祈りをしています。

「君臣・父子・夫婦の肝要な道が弛み乱れ、仁・義・礼・智・信の常に行うべき五つの道がすたれて絶えるときには、日照りや長雨、飢饉が起こり、国中が疲弊し荒涼となる」

これは、お大師さまが雨乞いのお祈りをしたときの願文を現代の言葉に訳した一節であります。人が人たる道がすたれるとき、日照りや長雨となって、飢饉が起きて国土が荒れ果てるということにお大師さまは心を痛めていました。

お大師さまは、気候の乱れは「国王」つまりは国家の指導者が政《まつりごと》を正しく行っているかどうかにかかっていると、繰り返し説いています。

「風雨、時に順じて五穀成じ災難起こらずして国王楽しむ」

『十住心論《じゅうじゅうしんろん》』でお大師さまは政治家のあるべき姿を説いています。「正治の国王」「輪王」が理想のリーダーであります。

国王が正しく統治すれば、国は富み、国民は和気あいあいと暮らすことができる。そうすれば、天地は穏やかで作物は実り、災害も起きない。そう教えます。

政治は人間社会の出来事であり、天災は宇宙自然のなせる業だからと、別のこととして考えられていますが、そうでしょうか。古来、政治の乱れが天地の乱れを呼ぶと、伝えられてきましたが、近代科学はこのようなつながりを、論証できないものとして分けてきました。

しかし、密教は、宇宙のはたらきと、私たち一人ひとりの小宇宙とは響き合って存在していると教えます。

政治という人間社会の有り様の乱れが、宇宙に反響しないはずはないと、私はいつも社会の動きを見守っています。

「怨敵およびもろもろの憂悩災厄」を無くそうと思えば、怠けて心を乱して暮らしてはいけないと、お大師さまは戒めています。

大災害と社会の変動とは、密接に連動しています。

京都で起きた地震の惨状を見て、お大師さまは、ときの権力者である藤原冬嗣にはたらきかけたそうです。冬嗣は、施薬院《せやくいん》に食封千戸を寄進したと記録にあります。

施薬院は、奈良時代に設置された庶民救済の施設であり、薬草園でありました。

天平時代に、仏教を奉じて活動した光明皇后の発願によって、悲田院《ひでんいん》とともに創設されたもので、病人や孤児の保護・治療・施薬を行ったものです。諸国から献上させた薬草を無料で貧民に施し、正倉院が所蔵する貴重な人参や桂心などの薬草も提供されました。そして、光明皇后自ら病人の看護を行ったとの伝説も残っています。近現代の皇室は、皇后さまはじめ皇族妃たちが率先して奉仕活動をするのは、この故事に倣うものだと聞いたことがあります。

平安時代には、藤原氏が施薬院の運営に関与するようになります。

千二百年前、時の嵯峨天皇に願い出て、霊気満ち満ちた高野の土地を賜ったお大師さまは、そこに密教修行の殿堂を創建し、国家鎮護と衆生救済の祈りの場と致しました。

私は当時の日本の状況を知って、お大師さまの祈りの陰には、天災や病魔、飢饉におびえながら生きている庶民を救いたいという強い願いが込められていたのだと、感じています。

祈りの場が増えたことは精進を重ねよという御仏のおはからい

現在、高野山には百十七の寺院がお大師さまの祈りを守り継いでいます。

その古刹の一つを、私は平成二十五年末に譲り受けることになりました。「清浄心院《しょうじょうしんいん》」であります。

由緒ある清浄心院ですが、この十年間、継承問題がこじれて、高野山を悩ます騒動を抱えておりまして、これを収拾し終息する役割が、私に回ってきたということです。

お大師さまの高野山開創千二百年を好機として、私はお大師さまの偉大なる教えを、改めて高野山の全域に息づかせる使命を胸に秘め、清浄心院を譲り受け、再建の重責を担う決心を致したのでございます。

「夫れ境は心に随って変ず」と、お大師さまは教えます。高野山にお参りしたら心も清らかに変化するという聖地の御利益を、いっそう大きなものにと、私は願っています。

祈りの場が増えたことは、精進を重ねよという御仏のおはからいだと信じております。

清浄心院は、お大師さまが創建された寺院であります。当初は喜多坊と称していましたが、後に勅命により清浄心院と改めたと伝えられる、高野山でも格式の高い古刹です。また、戦国時代には上杉謙信の祈願所となったことでも知られており、いくつかの大名家の菩提寺になっております。

ご本尊は弘法大師自らが彫刻されたと伝えられる「二十日大師」です。

お大師さまは、入定を明日に控えた承和二年（八三五）三月二十日、自ら彫刻して開眼した像の背に「微雲管《びうんかん》」の三字を書いたと伝えられる尊いものであります。お大師さまが、入定まで健勝であったことを物語るご本尊であります。

入定という生命の大きな区切りを迎えようとしているお大師さまの心を、ご本尊の「二十日大師」がしっかりと伝えています。いまも、お大師さまの息吹がそのまま伝わってくるような寺をお守りする使命が、私の内なる炎を燃え上がらせます。

「微雲管」とは、どのような教えが込められているのか。私は、この言葉をよくよくかみしめながら、解いていこうと思っています。

その他に、運慶作の阿弥陀如来立像、中将姫の筆になる九品曼荼羅、当麻建立之図などの重要文化財を所蔵しています。

清浄心院に護摩堂の建立を

金剛峯寺に次ぐ大きさの清浄心院の広い境内の庭園には、満開時の形が傘に似ていることから「傘桜」と名付けられた銘木があります。これは、秀吉がここで花見を催したといわれ、「太閤桜」とも呼ばれる高さ約十五メートル、幹回り約三・八メートルの老桜で、樹齢五百年ともいわれています。

別格本山であります。

この地は清浄心院谷とも呼ばれています。平安末期に平清盛の子、宗盛が堂を再建したという記録が残っています。

『平家物語』に登場する滝口入道が、当院に住したともいわれます。

滝口入道は斎藤時頼という、平清盛の息子重盛の部下である滝口武者でした。あるとき、宴の余興として、建礼門院に仕えていた横笛の舞を見た時頼は、横笛の美しさ、舞の見事さに一目惚れしてしまいます。横笛もその愛を受け入れていますが、時頼の父はこの身分違いの恋愛を許しませんでした。

いまでは考えられないことですが、父親の命令は絶対的なものだったのです。時頼は、横笛には伝えずに出家し、嵯峨の往生院に入り滝口入道と名乗ります。高野山に移り、大円院住職を務めました。のちに清浄院に入って高野聖となり、元禄元年（一一八四）紀伊勝浦での平維盛の入水に立ち合っていると伝えられています。滝口入道の悲恋は、明治末に高山樗牛《たかやまちょぎゅう》の小説で広く知られるようになりました。

戦国時代には関東管領上杉謙信の祈願所となって、上杉家の書状など多数を所蔵しています。また、佐竹家の菩提所でもあり、佐竹義宣・義憲はじめ代々の書状が多数あるなど大名家との縁も深い寺院ですが、万延元年（一八六〇）の火災で全焼し、五四世宥永の再興によって、現在にいたっています。建築物としては、現在の総本山金剛峯寺の参考になりました。

私は清浄心院を譲り受けることが決まったとき、百万枚護摩成満行者として、八千枚護摩百回達成行者として、いのちの続くかぎり、高野山でも池口恵観流の護摩行を勤めようと心に決めました。

ただ、清浄心院には池口恵観流の大きな護摩を焚く護摩堂がありません。私は何としても、大きな火を焚くことができる護摩堂を建立し、仏の慈悲と智慧に満ちた護摩行の火の輝きで、皆様の幸せを祈り、その光で日本列島を、北東アジアを、そして世界を照らしたいと願っています。

「人は火、時は水」と、お大師さまは説きました。私は、幼いときから火とともに祈り、水に育てられました。火とは護摩行であり、水とは生まれ故郷の志布志の海であります。人はみな、心に、生命を形づくる六大を抱いています。空によって羽ばたき、地によって落ち着き、風によって自在を得て、識を以て、私たちは仏さまの心を知るのです。

お大師さまが、高野山を修行の道場として開かれたのは、自然という六大の満ち満ちている場から生命の再生を図ろうとされたのでした。そのおかげによって、私たち後世に生きる者たちは、この深山の大気を戴いて、教えを学んでいます。

「生生《しょうじょう》世世《ぜぜ》に同じく仏乗《ぶつじょう》に駕《か》して共に群生《ぐんじょう》を利せん」

いつまでも皆お互いに仏陀の広大無辺な教えにしたがって、世の人々のために努力いたしましょう。お大師さまは、ご自身の理想を実現すべく設立した私学・綜藝種智院の校則を、こう結んでいます。その教えの伝灯を守っていく若き真言宗僧侶たちを、私は心から見守っています。混迷を深める昨今の世界と日本の情勢のなかで、本分を見失わずに、さらなる研鑽に励んでいただきたいと願いを込めて祈ります。

お大師さまが志した「真言密教の修行道場」としての高野山に、護摩行の炎を高く燃え上がらせ、いっそうのご利益を得るよう、人々の祈りをかなえたい。そのためにも御仏のパワーをさらにいただける聖地としたいと、私は願っているのです。

真言密教における魂を十指で現した印契の大切さ

真言密教には「事」と「理」があります。これはお大師さまが請来された密教を後の学者が修学の便宜上「事」と「理」の二大部門に分けたものですが、「事」は事相といわれ、そのほとんどが加持祈祷とその実践であります。

「理」は教相と呼ばれ、その作法に秘められている哲学と理論が説かれ、宇宙の真相、修法の方法、仏の境界などが明示されています。「事」と「理」の二つを合わせ称して「事教二相」といい、「事」と「理」、どちらか一方に偏ってはならないのです。

事相を離れて教相なく、教相を離れて事相なしと、その本質は、一体であり同時に働いてこそ効果があります。

昨今の真言行者は哲学と理論を説くことを得意とする者が多いが、事相を究めようという情熱のある人をほとんど見かけなくなった感があります。

哲学や理論といった理念をもつことは宗教家として重要なことですが、いかに崇高な理念であっても自分自身の頭の中にしまい込んでいては何にもなりません。

密教では修法を行ずるに際して、基礎的な修行である四度加行、つまり、十八道、金剛界、胎蔵界、護摩と呼ばれる修行が必要でその段階を踏まなければ、修法を体得することができません。

四度加行の最初の前行が十八道で、これは、魔性が及ばぬ結界の法である護身法、道場の障碍を除く結護法、諸尊を供養するための供養法を行いながら十八の印契を修するもので十八道印契といいます。これが護摩法や加持祈祷など、あらゆる修法の実践の基本となる印契であります。

バラモン教により編成されたムドラーは密教の印契の源流であります。

印契は印現ともいい、魂を十指で現した印です。手の指は人間の働きの最も尖鋭な部分で、その十指で結んで全霊で祈ります。魂を込めて祈るから印契というのであり、もし性根がこもらなければ、指先だけの遊び事に過ぎません。

印を組むときは人には見せないというのが真言宗では一般的ですが、私は印明を衣の外で結誦《けつじゅ》しています。その理由はふたつあります。

それは、袖の内や袈裟の下で行えば邪魔になって生き生きとした印が結べないという理由が一つ。もうひとつの理由は、密教の荘厳さ、精緻且つ流麗な所作を堂々と祈願者に見せることで、祈願者に密教の奥深さやありがたさを伝えるためであります。

よく、坊さんから「それでは越法罪になりはせぬか」と指摘を受けることもあります。

しかし、コソコソと人に見られて怪しまれるような印を結ぶことの方が印契に魂の入っていない証であり、印明を結誦している崇高で神々しい祈りの姿を披露して、見る者を思わず帰依させるくらいの迫力ある真剣で力のこもった所作をなすべきだ、と私は思うのであります。

かつての私の恩師で高野山大学教授であり勲三等瑞宝章受章を受賞された大山公淳先生は、その著書に「一本の指をもってよく仏菩薩と交感し、小指の屈伸によりて宇宙の神秘と囁き、両手の動作によりて大霊と融雪する所以のもの、印契を結びて三魔地を念ずるものは諸天善神そこに来たりてその人を守護し広大の悉地を得しめる」と印明の霊験を説かれています。

修法の中心的な役割を担い、仏との契りを得た者だけが、師より直に伝授される秘密の印契は、本尊を呼び興すという大きな機能があります。

手は人が物をつくる創造的な手段をつかさどります。だが、密教で手は物質的な役割を超えた意味があるのです。指は小指から五大である、地・水・火・風・空の象徴とし、大日の智慧である法界体性智に、大円鏡智・平等性智・妙観察智・成所作智の四智を合わせもつ五つの如来が配されています。

「一指を以って招けば星月も落ち来たり、一葉を指端にはさんで遣れば海水も尽く」とお大師さまは、印契の働きによって、神秘的な働きが引き起こされ、手印の指一本の動作や観念やその所作法は単なる形式的なものではなく、物質世界という現実の世界において「法」が働くということを示しました。

自己の修練を積み、行が上達した人のみが、他人のために祈祷する資格を得る

無数の印は高次、つまり霊的な真理や哲学が凝縮して表現され、密教の修行体型と深く結びついています。行者は、その印の組み合わせと流れとともに印契に秘められている意味を想い起こしながら仏の境地に在ることで神仏と感応し、宇宙と対話し、秘密の力があらわれるのをうながすのです。

それは仏に対して向かい合って客観的に認識し想念するというのではなく、自らが心を鎮め、深い禅定に入ることで、自分自身の内面より明王の存在を、密教が興った時代から連なる超能力をもった行者たちが体得してきた「秘密の験力《ほうりき》」に満ちた神秘の世界を開く鍵であり、印契を自在に操ることは、過去の験力を持った呪術者の体得を継承するものといえるのです。

高野山真言宗の僧侶となるには、百日の高野山中での修行が必要です。昔は死を覚悟す

る厳しい行だったといわれており、いまも、修行が行われています。

基礎的な修行である四度加行すべてを実践し、その規定の行を終えると、次に人のために祈る修法の実践が許されるのです。

密教では十二分に自己の修練を積み、行が上達した人のみが、他人のために祈祷する資格を得ることができます。しかし、正規の修行に入る前の準備的な行である加行をする者で、期間を区切って練行する者が多いのです。

高野山でも百日の加行のとき、二十一座護摩行をしますが、それが終わったらすべての行から解放されるわけではないのです。うまずたゆまずするのが行であり、行を始めたら、死ぬまで行を続けるのが行者の勤めなのであります。

問題を抱える人の悩みをお聴きして、お加持をして、人々の幸せを祈るのが使命である僧侶は、信者さんの命を預かっているようなものといえます。当然、僧侶に科せられた責任は重いのです。僧侶になるための百日の加行は車の運転免許証のようなものであります。免許を取っただけでは、大勢の人々を乗せたバスを運転することはできないように、僧の資格を取るだけの行は、行と呼べるものではありません。だからこそ、僧侶は常に精進しなければならないと、私は自らを戒め、弟子たちを導き、鍛えます。

高野山を、運転試験場にしてはならない、真言行者たちが生涯、ここを修行の原点として、いつもここへ還り、また再生して衆生救済に励む力をいただく場としてほしいと、私は祈ります。

真言密教は各派宗祖、中興の祖と伝統を受け継いで発展してきた誇り高き格式のある伝統的宗教であり、その要諦は即身成仏と密厳浄土にあります。密厳浄土とは人々がそれぞれの生きているその場所において、三密である身口意を実践することによって、より良い社会を築いていこうというものなのです。お大師さまの志を広めるには布教しかありません。もっとも強い布教は現世御利の実現であり、それを達成させるのが加持祈祷であります。呪術とは、けっして迷信などではないと信じて、私は行者として人生を送ってきています。

高野山の霊気を守っているのは伽藍や奥の院を取り囲む三山

お大師さまの教えの根本は、加持祈祷という特別に強い祈りであります。しかし、昨今の僧侶は、他人の幸せのために全身全霊で祈ることをしなくなったのではないでしょうか。それが、仏教が衰退の一途を辿る要因のひとつではないか、と私は感じているのです。

高野山の霊気を守っているのは、伽藍や奥の院を取り囲む山々であります。なかでも、三山と呼ばれているのが、転軸山、摩尼山、楊柳山であります。

奥之院の御廟《ごびょう》に最も近い山が転軸山です。この転軸山には宝剣とお経の軸が納められています。宝剣は弘法大師により不動明王の剣と伝えられています。経軸は『理趣経』ですが、いつしか本紙部分は朽ちてしまって金銅製の軸だけが残っていたともいわれることから、この山を「転軸山」と名付けられたと『紀伊続風土記』が伝えています。

頂上に祀られている弥勒菩薩に由来するという説もあります。弥勒菩薩の別名は「転法輪菩薩」。この「転」と経軸の「軸」を合わせて「転軸山」としたのではないかというのです。

奥之院の東北、約一キロメートルに位置する摩尼山の頂上には、祠が在ったことが絵図に描かれています。

大峯山を開いた役行者《えんのぎょうじゃ》が摩尼山に住していたといわれます。

そして、お大師さまのご遺告によって、「如意宝珠」が山頂に埋められ、それを龍神が護っているというのも、この山であります。「如意宝珠」とは我々衆生の願いをかなえてくれる宝の珠《たま》のことです。

楊柳山は、三山の内ではもっとも標高の高い山となります。頂上には楊柳観音が祀られていますが、一説には文殊菩薩が祀られていたという記録もあります。

楊柳観音は衆生を済度するのにさまざまな姿に変化して出現する三十三観音の一尊で、手に楊柳の枝を持っています。別名を「薬王菩薩」ともいわれ、あらゆる病を除く菩薩として信仰されています。高麗時代の十四世紀頃に制作された楊柳観音像の作品が高野山にも伝えられています。観音浄土は、「補陀洛山《ふだらくさん》」と呼ばれる山中にあるとされて、各地に補陀洛浄土とする霊場が生まれました。楊柳山もこうした観音信仰を背景として、信仰されるようになったともされています。

お大師さまは修験道の基礎を作った方

現代に続く高野山の有名な厳行の一つが、寒中水行であります。奥の院御供所《ごくしょ》のすぐ奥、御廟橋の手前に、玉川の行場があります。この玉川は楊柳山から湧き流れる神聖な川とされ、厳寒の中で毎年、水中行が行われるのです。この玉川沿いには地蔵菩薩や不動明王、観音菩薩が居並んで、参拝者が冥福を祈っています。奥高野にある立里荒神社《たてりこうじんじゃ》は、お大師さまが高野山の山の神に伽藍繁栄と密教守護を祈願して建てた神社であります。また、京都の東寺の境内にある鎮守八幡宮には、お大師さまが造った僧形八幡神像が安置されています。

役小角《えんのおづぬ》が、日本の修験道の開祖であります。飛鳥時代から奈良時代の呪術者で数多くの伝説に彩られ、役行者と呼ばれるようになりました。十七歳のとき、孔雀明王の呪法を南都七大寺の一つである元興寺で学び、金剛山・大和葛城山で山岳修行を重ねました。熊野や大峯の山々で修行を重ね、龍泉寺など修験道の多くの霊場の開祖でもあります。吉野の金峯山で金剛蔵王大権現と感応したとされ、修験道の礎を築きました。

お大師さまは、若き日に大学で学ぶことを辞めて山野で修行しました。修験の行を重ねたのだと、私は考えています。お大師さまは、修験道の基礎を作った方と考えています。

私は修験の家に生まれ育ちました。家系は室町時代にまでさかのぼり、代々修験の行者として苦修連行を積み、真言密教・修験道の正系を受け継いできました。

密教と通底した修験道は、山岳信仰が仏教に取り入れられた日本独特の混淆宗教で、土俗信仰と結びつき、神道、陰陽道、道教、仙道、鬼道、蠱道などさまざまな要素が融合し発達したものであります。

修験道の主な流れは、京都醍醐寺三宝院に属する真言宗当山派、聖護院に属する天台宗本山派、それに出羽（山形）の羽黒派であります。

山に入り山岳修行をするのですが、山はそれ自体が聖なる場であるとともに魔性や獣といったものが横溢するため、それらを避けるため超自然的な験力によって身を守らなければなりません。修験者は山神、天狗、鬼、眷属、動物霊などを動かす修法に通じており、それがあるから呪いを操ることができ、また、薬法の知識にも長けていました。

私の先祖は薩摩に対抗していた肝属《きもつき》氏より肝属城敷地内に山伏城を与えられた肝属城付の修験行者でありました。修験行者は各地の情報活動をするとともに、病を治し癒すだけでなく、敵対する相手に念を飛ばして攻撃し、滅ぼすといったこともします。

山岳修験道、山伏というと、「呪い」つまり呪詛を連想する人が多いのですが、それはあながち間違いではありません。なぜなら修験の秘法の中には人を呪い殺すことができる呪詛《じゅそ》があり、念じただけで相手に大きなダメージを与える、まさしく武器そのものといえます。呪詛とは呪いの言葉で、呪文や真言は、言霊以上に、さらに強い威力があるのです。

念というのは使い方によって、人を殺すこともできるし、世の中全体を幸せにすることもできます。それが、密教においても、修験道においても、すべての修法の基礎になっています。

なぜ、基礎なのか。それは、呪詛にかかってしまった人や、呪いにかけられた先祖の因縁に苦しむ人を救うためであります。

念のこもった呪詛は人を破壊することができるが「毒をもって毒を制す」が如く、呪詛をかけられた人を救うには呪詛を知り、呪法を身につけて強い念を飛ばせる力がなければ助けることができないのです。

真言宗の大切な行事「厄除け星祭り」の意味

山伏・行者たちはよく験力争いをしました。喧嘩をすると呪い合う。標的にした相手に霊的な手法で攻撃を仕掛ける。呪術の戦いは、強力な念や気を互いに衝突させる戦いで、先に恐怖を味わったり、押し切られたほうが敗北となるのです。

敵対した相手に対して負けないためにも念力の強化は欠かせません。念力の強化とは相手を思って念じ続けることから始まります。それができるかできないかで、効果は格段に違ってきます。もし、験者同士が争いとなり、いざ、呪いを掛け合えば、それは、いわば命のやり取り、殺るか、殺られるか、の真剣勝負であります。

昔の山伏は悪因縁を残さないために、本来、一定の場所に家を構えず、正式な妻も娶らず、子は外でもうけました。もちろん、母親との交流は続くし、その女には幾許かの生活費を払います。女の手によって育てられた男児が乳から離れ、山伏行者としての適性があれば、その子を引き取り修験者としての修行を十五歳くらいまでにひととおり終わらせて、十八歳ぐらいになるまでには代々伝わる秘儀秘法を口伝するのです。

そんな慎重さがなければ山伏たちは壮絶な呪詛の掛け合いをするのだから、後世につながる血を根絶やしにされかねません。

「法力に遠近《おんこん》なし、千里即ち咫尺《しせき》なり」とお大師さまが説かれたように、念は時間も距離も超越し、相手に届く性質があります。そして念は光となってどこまでも何千里も飛んでいきます。

呪術とは見えない世界に作用する技術であります。祈りとは、願いをかなえるために人智を超えた存在にお願いをする行為であり、その根幹にあるのは、人が抱く夢であり、希望といえます。

真言宗の大切な行事に「厄除け星祭り」があります。

高野山金剛峰寺では、根本大塔の内陣で星供曼荼羅をお祀りして、節分法会を厳修します。各人の北斗七星・十二宮・九曜二十八宿の星を祀ることで、除災招福・福寿増長を祈念する行事です。

この星祭りは、お大師さまがもたらしたものです。

これから新年を迎えるという節分の夜に、除災招福を祈って行されます。

当年星、本命星を侵して災いを起こすことを怖れ、これを鎮圧するのが目的です。お大師さまが唐から持ち帰った『宿曜経《すくようきょう》』に基づいて、北斗七星や二十八宿、十二宮などを供養します。

お大師さまは、中国から『宿曜経』を持って帰られました。「宿曜」とは、古代インドを源流とする占星術です。北辰と古来から呼ぶ星がありました。天の北極にある星で、現代の北極星とは限らないともされます。中国の道教では天空を支配する北極星として、北斗七星とともに、もっとも重要な星として崇められてきました。北斗信仰は中国で仏教と結びつきました。日本でも、明治維新までの神仏混合では「妙見さん」と親しまれる修験と密接な信仰が続いてきました。

修験道は、見えないながら、現代にも確実に伝わって息づいています。

真言行者は、高野山という「お山」に満ちるお大師さまの祈りを感得すべく、伽藍をとりまく山々にも心をいっそう向けて祈ってほしいと願っています。

高野山はいま、観光地としても注目されます。聖俗のいずれもお大師さまの「おかげ」で生き生きと輝いてほしいと願っています。そのためにも、まずは「聖地」としての祈りを高めるのが、お大師さまの法灯を継ぐ、我ら真言行者の務めであります。

十

お大師さまが残された奇蹟の数々

江の島の岩穴に、人を襲う龍王を封じ込めた

お大師さまは、日本列島の各地に「伝説」を残しました。

一人の人間が、それほど動き回れるはずはない、それはのちにお大師さまの教えを弘め啓蒙するために全国に派遣された高野聖の足跡を、そのままお大師さまのものと語り継いでいるのだろうともいわれます。

あるいは、そうしたこともあったかもしれませんが、お大師さまの「奇蹟」は、現代も起きていて語られることが少なくありませんから、お大師さまの「御影」が困っている人のもとに飛んで、救いの手を差し伸べたり、教えを遺した「おかげ」かもしれないと、私は思いもします。

その「伝説」のいくつかを、ご紹介しましょう。すでにご紹介したものもありますが、お大師さまの伝説は、知られているだけでも全国に三百余りもあると聞きます。

まずは、私の寺、最福寺の別院「江の島大師」がある神奈川県藤沢市の江の島にまつわるお大師さまの伝説からお話しましょう。

伝説によれば、弘仁五年にお大師さまが江の島を訪れています。西暦八一四年ですから、

今からちょうど千二百年前になります。お大師さまが高野山を開創される少し前です。

高野山に修行道場を開くことを決めたお大師さまは、日本各地を回ります。東北への旅の途中で、お大師さまは藤沢の浜に通りかかりました。相模の海に浮かぶ島に洞窟があると知って、お大師さまはそこで一夜を明かすことにしました。舟を出してほしいと地元の漁師に頼みますが、顔色を変えて、お大師さまを止めようとしました。

「あの島の岩穴には龍女が住んでいて、覗いた者はみな悪気に打たれて砕けてしまいます。一人として助かって帰ったものはいない」

漁師たちはみな関わり合いになることを恐れて、しり込みしてしまいます。お大師さまは、「私が法力で龍女を封じこめましょう」と言って、ようやく島に渡りました。

洞窟のなかに、小石を積んで形ばかりの護摩壇を造り、お大師さまは真言を唱えます。やがて、岩穴の奥から現れたのが白衣を着た龍女でありました。凄味のある気高い姿ながら、洞窟の静寂を破ったと、お大師さまを襲ってきました。お大師さまは印を結び、陀羅尼を唱え、錫杖の先に護摩木を炎がついたまま結び付けて、これを龍女にかざしながら、洞窟の奥へと追い込みます。

とうとう、龍女は岩屋の奥に開いていた小さな穴の中に消えました。龍女は龍王だったのでしたが、お大師さまの法力で封じ込められたのです。

翌日、迎えに来た漁師は、お大師さまが無事であると知って驚き、龍女が二度と岩穴の奥から出られないと知って、安堵したのでありました。

お大師さまは、しばらく江の島にとどまって、護摩の灰で弁財天を造り、龍王の回向をし、これが江の島弁財天の起源になったと伝えられます。そして、社殿を創り、国家安泰を祈って金亀山与願寺《よがんじ》という寺院になったとも伝えられます。これが、江の島神社です。

ただ、江の島弁財天の起源にはいくつかの説がありますが、いずれも岩の洞窟に棲む龍王が島に来る者を襲っていたことは同じです。この龍王と結婚の約束をして鎮めたのが、天から降りてきた弁財天だったというお話も残っています。

私が江の島大師を開創したとき、工事現場からお大師さまの石像が発掘されました。もとは、ここに真言密教の寺があったことを教えてくれるものだと伝え聞き、寺の庭に大切にお祀りしています。

日本に弁財天信仰を広めたのは、お大師さまだと伝えられます。唐からの帰途、厳島神社に立ち寄って弁財天を祀ってから、全国に広まったという伝説ですが、真言密教では弁財天をよくお祀りしています。

御仏はこのように江の島にも立派なお寺を授けてくださいました。お大師さまの東国行脚のご縁が、現代に生きている尊い場所であります。

この江の島の海蝕洞「岩屋」は、古くから修行の場とされてきました。奈良時代には役小角が、平安時代にはお大師さま、円仁上人が、鎌倉時代には良信（慈悲上人）、一遍上人が、江戸時代には木喰上人が参篭《さんろう》して修行に励んだと伝えられています。

鎌倉時代に源頼朝の祈願によって文覚上人が弁財天を勧請し、頼朝が鳥居を奉納したことから代々の将軍や御家人が参拝したとされています。それから、時々の為政者によって、江の島は聖域として保護されてきた祈りの聖地であります。

北九州の寒村で教えた黒い石が三池炭鉱の石炭の始まり

高野山の伽藍を創っている間、東大寺と比叡山の最澄法師の間に、戒壇の建立をめぐって争いが起きたとき、最澄法師からお大師さまに味方となってともに戦ってほしいと頼まれました。

しかし、お大師さまは「私は争いを好まない」と言って、全国行脚に出てしまったと伝えられます。

このときは、山陰道から出雲大社に参篭してから石見路を通って、周防に出て九州へ渡ったといわれます。

その道すがら、水がなくて困っている村人をみると、

「ここを掘れ、思いのままに水が出るぞ」

そう言って、大地を錫杖でつきました。すると、澄み渡った水が音を立ててわき上がってきたのです。

また、道々、錫杖で薬草となる草や木の芽などを示し、あるいは岩陰から湯をわき出させて、これに病人を入れて病を癒して歩き、その「伝説」が各地に残っています。

北九州の海のほとりの寒村を通ったときのことでした。

野宿が続いた厳しい旅のある夜、そこに一軒のあばら家がありました。

「こんな家でよかったら、お入り下さい」

気持ちのよさそうな老人の勧めでお大師さまは藁沓《わらぐつ》をぬぎました。

老人は囲炉裏にかけた鍋から粟飯をふるまい、褥にお大師さまを案内しました。夜半に、ふとお大師さまが目覚めると、囲炉裏端に老人が座っています。

「そうか、褥《しとね》（寝る布団のこと）、これが一人分しかなかったのか。食事も自分は食べずに私に食べさせたのか」

お大師さまは、そう気づいてガバっと起き上がると、老人の前に両手をついて謝ったのです。しかし、老人は言いました。

「私が伝導に疲れた御僧をもてなすのは、御仏を尊ぶ志です。どうか、お手をあげてください」

お大師さまは、その高い志に打たれ、夜が明けると、老人を伴って、山の麓に行きました。そして、そこにあった黒い石を錫杖で突きながら話されました。

「これを持ち帰って、囲炉裏にくべてみなさい。これからは、囲炉裏にくべる木はいりませんよ」

老人は、これを持ち帰って囲炉裏にくべますと、石は勢いよく燃え上がりました。

老人は、驚き、どれほど喜びましたことか。老人の名を、五兵田と言います。これが、のちの三池炭鉱の石炭の始まりだと伝えられています。

日本で最も古い石炭発見の記録は幕末になりますが、福岡県三池郡の稲荷村で十五世紀に農夫が焚火をしているときに発見したという伝承が残っています。

お大師さまの伝説は、これよりはるか昔のことになりますが、おそらく有明海のほとりで、「燃える石」が時折見つかっていたのは、ずいぶん古いことになりましょう。

これが、三池炭鉱の始まりであります。

古井戸から石油が

興味深いのは、十五世紀の伝承の地が「稲荷山」であることです。稲荷神とお大師さまの縁は深いものがありますから、こうした土地の伝説とお大師さまがどこかで結びついていたのだと、私は想像の翼を広げています。

お大師さまが地面を杖でトントンと叩いたら、水がわき出た、温泉が噴き出した、という「伝説」は各地にあります。水や温泉だけでなく、石油が噴出したと伝えられるのが、越後路でありました。

草生津のあたりで、行脚していたお大師さまは雨やどりをしようと、草ぶきの粗末な家の戸をあけました。そこには、一人の老婆がいまして、旅姿のお大師さまを招き入れました。

切られた小さな囲炉裏に枝をくべて火をたき、老婆はお大師さまの濡れた法衣を乾かし始めました。

まめまめしく働くその姿に、お大師さまは「こころの清い人らしい」と思いながら、語りかけました。

「そなた一人のお住まいか」

「はい。旅のお坊様。どうぞ、私の話を聞いて下さい。息子が幾人もおりましたが、みな幼いころに疫病に取りつかれて、はかない命を閉じました。身代わりに死んでやりたいと思うほど、老いて生きる苦しみで過ごしております。

せっかく、お坊様がおいでになったというのに、供養するものがありません。一夜の宿をさしあげたいが、灯油さえ蓄えがなく、かないませんことをお許しください」

哀れな言葉に、お大師さまも心ふさがれそうになりましたが、ふと、庭に打ち捨てられていた古井戸をのぞいて、

「あ、仏の福田！」

と、叫びました。そして、「御仏が与えてくれる福田がここにある」と、古井戸から水を汲みあげ、そこに浮いて玉のような滴を布に濾して壺に落としました。

そこに、法衣の糸をひねって火をともし、壺に落としますと、たまった滴から炎が燃え上がったのでありました。

これで、夜の燈火が出来たのです。

お大師さまは、そのまま旅を続けますが、それが、石油の興りでありました。

枯れ果てた河原にこんこんと水がわき出た

阿波日和佐に残るのが「母川の伝説」であります。これは、水をめぐるお大師さまの伝説のなかでもよく知られたものであります。

すっきりと晴れた秋のある日、お大師さまは行脚して、阿波の田舎道を歩いていました。現在の徳島県であります。

日照りが続いて、お大師さまが喉をうるおそうとしましたが、傍らを流れる湊川に一杯の水もありません。

そこへ、身なりも貧しい一人の村女が桶いっぱい水をかついで通りかかりました。

「私に水を一杯、いただけますか」と、お大師さまが所望しますと、その村女はにっこり微笑んで、ひしゃくに汲んだ水を差し出しました。

「今日は幸いに母の祥月命日です。出家沙門の方にお接待ができてありがたい」

その女性は、そう言いました。

「ありがとう」と言って、お大師さまがお加持をすると、どうでしょう、枯れ果てた河原にこんこんと水がわき出てきたのです。

同じような伝説が、各地に残っています。

一人の娘が少ない水をお大師さまに全部与えたところ、次の朝、磐梯山の麓が湖になったのが、猪苗代湖だというものもあります。

東京の下谷、清水稲荷では、親が病気の子供を抱えてお大師さまのもとにやってきたので、お大師さまが独鈷で地を突いて、病を治す霊水をわかせたと伝えられます。修善寺町の桂川上流では、お大師さまが岩盤を独鈷で打つと、加持された熱湯がわき出て薬湯になりました。

長野県の下伊那は、貧しい村の民を哀んで、銀杏の杖で岩の根元を突いて塩水「塩の井」をわき出させました。

人と人との加持、宇宙のはたらき、自然と人間との加持の力

お大師さまが活躍していた平安時代の初期の日本は、日照りや飢饉が生活を苦しめていました。

お大師さまが雨乞いの祈りをし、満濃池など潅漑の工事をしたのも、みな水を確保して人々を救おうとしたからでありました。そうした活動はすべて、祈りによって支えられて

いたのです。その祈りは、自然への「加持」であります。

加持には、いくつかあります。お大師さまは、このような分け方はしなかったのでしょうが、後の弟子たちが系統づけたと思います。

「人々加持」とは、人と人とが加持感応することです。家族同士が癒しあうのも加持の一つです。スポーツで、観客の大声援に選手が発奮して記録が出るのも、この領域になりましょう。一つの仕事を成し遂げるチームワークを「人々加持」と呼ぶこともできるのです。どの場合も、人と人とが互いに我欲を取り去って、相手を思い合い、一つの心になったときに、御仏の力がはたらきます。

「法法加持」とは、宇宙のはたらきです。大自然の山川草木、天体の日月星などの運行から、密蜂が花粉を媒介することによって花が実を結ぶにいたるまで、加持で成り立っていると真言密教では説いています。

「法人加持」これが現代には、とりわけ必要なのだと、私は思っています。これは、自然と人間との加持です。本来は、人間が吐き出す炭酸ガスを植物が吸い、その吐く酸素を人間が吸って生きる、生命の循環です。しかし、ここでも調和が乱れて、人間社会が吐き出す炭酸ガスが地球温暖化の原因となり、世界に異常現象が続出しているのです。自然と人間との加持です。生命の循環の調和を取り戻すことが、自然災害をなくすことになると、私は信じています。

自分たちだけが気をつければよい、という時代は去りました。地球のうめき声が聞こえてくるようなニュースばかりが続きます。自然への加持を、私たちが一人ひとりの祈りとしてほしい。加持は究極の祈りだと、私は思っています。

「仏仏加持」とは、如来、菩薩、明王、天など、曼荼羅が描く一尊を拝み、その仏さまを我が心に思い浮かべますと、一切の仏さまを感応することができることです。

仏さまと迷える衆生との間にある加持

最後は「生仏加持」です。仏さまと、迷える衆生との間にも、本来加持の状態が成り立っています。

加持は、あらゆるところに存在していますが、これに気づかずに暮している人が多いのです。見える存在である私たちだけでなく、見えない霊が、互いに加持をすることができるように、もともと持っている御仏のパワーを、ぞんぶんに発揮できるように、行者は祈っているのです。

「法力に遠近なし、千里則ち咫尺なり」とお大師さまは教えます。あるいは、「三密加持すれば速疾に顕わる」とも説きました。

三密加持は、定められたカリキュラムにしたがい、真剣に「行」をやることによって自分のなかの超深層意識を完成化させ、目覚めさせて、宇宙と自分とを一体化させます。

加持のパワーは時空を超えて伝わるものだということは、私の長年の実感です。真言行者の使命は、加持という祈りを全うすることであると、私は信じています。

加持は、あらゆるところに存在していますが、これに気づかずに暮している人が多いのです。私たちは、誰かが何かと交流し合いながら生きていることが理解できると、これらの加持の意味がわかってきます。

そのような「あるがまま」の加持に気づいていただきたいと、私は祈ります。また、人に対しての加持は、そうした気づきを促すものだと、私は考えてもいるのです。

愛媛県に伝わる衛門三郎物語

お大師さまは、若き日に、深山幽谷できびしい修行を重ねました。その日々は、山野に生える野草や果実を食料とし、あるいは托鉢によって糧を得ながらの修行であったと思います。

托鉢に出て行脚するお大師さまの伝説に、愛媛県の衛門三郎物語があります。

現在の松山市恵原町に、「八つ塚」と呼ばれる古墳があります。これが、遍路の開祖とも伝わる衛門三郎の子供のものだとされています。

衛門三郎は、伊予の国荏原に住む庄屋でしたが、強欲非道な男で人望もありませんでした。ある日、一人のみすぼらしい身なりの僧が托鉢に来ました。その僧は、お大師さまだったのですが、三郎はすげなく追い返しました。しかし、翌日も、その翌日もお大師さまは三郎の家の前にやってきました。

腹を立てた三郎は、八日目にお大師さまが手にもつ鉄鉢を竹ぼうきでたたき割って、追い返してしまったのです。鉄鉢は八つに割れ、翌日から僧の姿も見えなくなりました。

三郎には八人の子がありましたが、毎年一人ずつ、八年のうちに次々に亡くなってしまいます。

三郎は、お大師さまが諸国を行脚しているという話を聴いて、自分が乱暴をはたらいたのは、お大師さまであると気づき、高僧を打った罪深さにおそれおののきました。

三郎は、お大師さまに会って謝罪しようと遍路の旅に出ましたが、二十度巡っても会えず、とうとう阿波の焼山寺の麓で病気で倒れました。

そこへお大師さまが現れ、三郎は涙を流して罪をわび、「来世は国司の家に」の望みを残してこの世を去りました。

お大師さまは、道端の石を三郎に握らせて、その死をみとりました。翌年、この地の領主である河野家に男児が生まれましたが、左手を固く握って開こうとしません。三歳になったとき、南無大師遍照金剛と両手を合わせた拍子に、手の中から「衛門三郎」という文字が刻まれた石が転がり落ちました。

衛門三郎の屋敷跡だった場所は文殊院となっていますが、ここに戒名も位牌も残っているところから、三郎が実在したと考えられます。近くには子供を祀ったといわれる群集古墳（八ツ塚）が点在し、南方の山には鉄鉢が八つに飛び散ってできたくぼみが八つ（現在は三つ）あり、わき出る水は「お加持水」と呼ばれ、今も枯れることがありません。

この話は異説もいくつかありますが、この衛門三郎の伝説が四国遍路の始まりとして広く知られています。

貪欲を戒めた「喰えない梨」の話

「屋島の不喰梨《くわずのなし》」というお大師さまの伝説があります。お大師さまが遍路されて、讃岐の屋島で、とある裕福そうな家に供養を乞いました。欲張りの主人は、供養するものは何もない、と冷たく言い放ちました。すると、お大師さまは、家の傍らの木に梨がたわわに実っているのをご覧になって、「それでは、この梨を、二つ三つ施してはくださるまいか」と頼みました。するとその家の主人は、いっそう冷たい表情で言いました。

「この梨は喰えないのだ」

お大師さまは、そのまま立ち去りました。その後で、主人が梨の実をもいで食べようとしますと、まるで砂をかむようで「喰えない梨」に変わっていたのです。

この説話は貪欲を戒めたものですが、外見だけで人を判断してはいけないという戒めでもあると、私は教えを解きます。

これに類した伝説が各地にあります。

「多摩の二度栗」も、同じパターンですが、梨ではなく栗であります。

武州多摩郡の山の根の村には、大型の美味しい栗がたくさん取れました。ある秋のこと、腹をすかせた旅の坊さんが、ふらふらとやってきて、おいしそうに栗を食べている村の子供たちに「栗を一粒おくれ」と頼みました。しかし、子供たちはそのみすぼらしい姿を見て、「いいとも食えよ」と言いながら、食い残しの空の殻をほおったそうです。

坊さんは悲しい顔をして次に村の中にある大きなお屋敷にきました。そこでは大人たちが縁側に腰掛けて栗を食べていたので、坊さんが「栗をひとつめぐんでくれ」と言いました。すると、大人たちは「いいとも食え」と言って空の食い残しの殻を投げつけました。坊さんはたいそう悲しい顔をして村の外れにある、それは見るからに貧しい小屋にやってきました。

小屋には若者を頭に弟妹四人が暮らしていました。父母はとうに死んで、兄の若者がみんなを養っていたようでした。

「どうか栗を一粒でいいからめぐんでくれ」と頼みましたが、この小屋では一粒が一家の全部の栗だったのです。

しかし、あまりに飢えやつれたお坊さんの姿に、若者は弟妹に「いいな」と見回したところ、弟妹も兄の心の優しさに気持ちよく応えました。

「たった一粒ですが、どうぞ食べてください」坊さんはたいそう喜んでこれを食べたそうです。するとどうでしょう。とたんに乞食坊主は元気になり、「ありがとう、みんなの優しい心が天に通じ、裏山に天の恵みをうけることだろう」と言い残して、スタスタと去っていきました。

不思議なことに、若者の家の裏山の栗林には、大型で美味な栗が、春と秋の二度なったそうです。村人はこれを「多摩の二度栗」と呼んで大切に扱い、若者達は幸せな生活を送ったという伝説で、このお坊さんが、じつはお大師さまだったと伝えられています。

東京の葛飾や成田に伝わる「石芋」は、お大師さまの所望を拒否した老女の芋が固くて食べられないようになったというものです。

お大師さまに望むものを差し上げなかったために、「罰」を受けたという伝説は、ほかにもいくつもあります。勧善懲悪の思想が日本人の小さな集団のルールとして機能していた、そのための「お大師さま伝説」だったとも思われます。

石川県の能美では、村人が水を惜しみ与えなかったため、お大師さまが村のどこを掘っても鉄気のある水「不使の水」にしてしまいました。

淡路島では、村人がお大師さまに水を与えなかったので、水が涸れたと伝えられています。

熊本県の下益城では、温泉を老婆が水だとお大師さまに嘘をつくと、ただちに水の池になってしまいました。

高尾山にある「箸立杉」と「岩屋大師」

東京の西にある高尾山に「飯盛杉」、別名を「箸立杉」という大木があります。昭和三九年に都の天然記念物に指定された樹齢七百年余りという杉の大木にもまた、お大師さま伝説があります。

高尾山は修験の山なので、お大師さま信仰の篤い地だったのでしょう。お大師さまが、高尾の参道を登ってこられたとき、杉の木立は枝を震わせたり、葉を鳴らしたりし始めました。

そのなかで、途中の並木の一本が枯れ木のまま立っていました。お大師さまが傍らの杉の木に尋ねたところ、この間の落雷に打たれてしまったと言います。

「千年を共にして、お大師さまがおいでになるのを楽しみに待っていたのですが、なんとも残念で、哀れでなりませんです」

と、別の杉が言ったところ、お大師さまは、一本の飯盛りの杓子を取り出して、枯れ木の跡に突き立てました。すると、あれよあれよと見る間に、杉の木が伸び始め、枯れ木がよみがえって見事な千年杉となったのでした。

高尾山には「岩屋大師」の伝説もあります。高尾山薬王院は、八世紀半ばの天平時代に聖武天皇の勅命によって、行基上人が創建されたとされます。行基が、薬師如来を刻んでご本尊としたことから、薬王院の名がつけられたと伝えられています。

その後、お大師さまがこの山で修行し、不動明王像を刻んで安置しました。いまは真言宗智山派の大本山として、成田山新勝寺、川崎大師平間寺とともに、関東の三大本山として知られています。

その高尾山に、お大師さまが登ったときのお話です。

折から嵐が襲います。小道を行くと大岩の影に、ずぶぬれの姿でうずくまる母と子がいました。近づいてみると母の方は病気でその子が懸命に介抱しているのです。

なんとかこの母子のために雨宿りの場所が欲しいと大師が合掌して祈りますと、突然、目の前の岩屋が音を立てて崩れ始め、ぽっかりと洞穴が開いたのです。

お大師さまはそこで母子の冷えた体を温め、嵐の通り過ぎるのを待ち、母親の病はすぐに回復したということです。それから、この洞穴は、「岩屋大師」と呼ばれるようになりました。

お大師さまが、母親の病を加持で癒したのはいうまでもないことでしょう。

旅人との出会いは、まさに心眼を養う修行でもあると、この説話が教えてくれます。

いまも、大勢の日本人が、四国巡礼に出かけます。歩いて巡っていると、「思いがけない場所でお接待を受けて、とても心に沁みた」と、信者さんが語っていたことがあります。

私は、自分自身の托鉢の体験を思い出しました。

御仏からいただく力こそ、見えない世界からのメッセージ

「托鉢」は、お釈迦さまの時代から、僧侶の修行でした。伝法の旅は、托鉢によって支えられます。

私も若い日に鹿児島で托鉢から修行を再開したことがありました。

大学を卒業して、母の待つ寺に帰らずに、世直しができると思い込んでクーデター計画に関わりました。逮捕されて拘留され、不起訴にはなりましたが、新聞で大きく報道されて、母から勘当されてしまいました。獄中で私は行者として真摯に生きることが、私の人生の使命なのだと悟りました。

これが私の自坊「最福寺」の原点です。

とにかく、母は検事が驚くほどしっかりした姿勢を貫いたのですから、私の勘当は解けません。

鹿児島市に借りた三畳一間の部屋に、リンゴ箱に半紙を貼った上に、お大師さまの厨子を載せました。これは、学生時代に宗教舞踊全国大会の総長賞でいただいた大切なもの。私は、毎朝午前二時に起きて、八時までお大師さまの前で一心不乱に読経を続けました。

それから身支度をして、県内各地を托鉢して回りました。法衣を着て菅笠を被り、手甲に脚半を着け、左手に数珠、頭陀袋を肩にかけます。草鞋か地下足袋で足ごしらえをしました。

鹿児島には托鉢を受け入れる風土はありません。もともと仏教文化があまり及んでいなかったうえに、明治維新の廃仏毀釈によって、わずかに存在していた寺院は壊滅状態になったのです。その後、仏教復興の流れができましたが、それでも托鉢に理解があるという土地柄ではありません。

私が家の前で般若心経をあげますと、それだけで「うるさい」と怒鳴られ、「乞食に用はなか」と罵られることが多かったのです。とくに鹿児島市中では、物や小銭を投げつけられたこともありましたが、これも御仏のはからいによる修行と思って、心を励まして休むことなく続けました。

農村地帯に行くと、少し事情が変わりました。庭に氏神さまを祀っている家が多く、「拝ませてください」というと、断られることはほとんどありませんでした。お布施は、米、麦、餅、ミカン、それに一円、五円、十円玉がほとんどでした。初めての体験ですから、こうして温かい人の心が身にしみました。そして、信仰心とは、生活のなかに根づくものだと教えられました。

あるとき、農家の前で「般若心経」をあげました。奥からおばあさんが出てきて、お布施をくれました。みると、目やにで目が見えないようだったので、その場で加持をして帰りました。

しばらくして、その村に行ったので、再びその家の前に、なにげなく立ちました。おばあさんが出てくると、なんとすっかりきれいな目になっているのです。私が帰ってまもなく、目やにがとまったと、うれしそうに報告してくれて、お布施をくれました。

目が治ったのが、我がことのようにうれしかったですね。祈りとは、相手の人のために祈れば、我が心も癒されるのだと、私はこの托鉢時代に教えられました。

托鉢とは、人の心を知る大切な祈りの修行なのです。托鉢が巡礼という、もう一つの修行に重なるのは、どちらも「出会い」というご縁によって導かれるからであります。見知らぬ人に御仏を見るのか、盗人と疑うのか。外見によって、人々が石を投げつけた僧は、じつは御仏の道を歩く聖者であります。

現代でも、苦しみの只中で、お大師さまが姿を見せて助けて下さったというお話も聞きます。

信ずる力が、奇蹟をもたらすことを、私は信じて、お大師さまの伝説を読んでいます。私が日々の護摩行を怠らないのも、私の加持によって、不治と宣告された病気の方々が快癒していくことを目のあたりにしているからであります。

御仏からいただく力こそ、見えない世界からのメッセージであり、お大師さまが残された奇蹟の証でもあるのです。

十二

入定

今も奥の院で生きておられる

高野山の寺院群の東の端にある一の橋から御廟橋まで、およそ二キロにわたる参道沿いには、無数の石塔が立ち並んでいます。

二十数万基ともいわれるこの石塔は、皇族から無名の人々まで、あらゆる階層の人々が競って建立した墓碑です。

みな、お大師さまの傍に墓碑を建てたいと願ってのことであります。

私が、ここを通りながら、いつも思うのは、「怨親平等《おんしんびょうどう》」の御仏の世界がここにあるということです。

戦国大名たちがみなみな並んでいます。織田信長、豊臣家、徳川家、明智光秀、石田三成、伊達政宗、武田信玄・勝頼親子、上杉謙信など、生きているときは武力で戦い、知力をめぐらせ、互いに覇を競った武将たちであります。

比叡山を焼き討ちにした織田信長、その信長を本能寺で討ち取った明智光秀、光秀を倒して天下人となった豊臣秀吉、数え上げればキリがないほどの敵味方が、ここに並んでいるのです。戦いすんで、みな同じ仏さまの世界に生きる霊たちは、いったいどんな会話をしているのだろうと、私は想像したりしながら、この参道を通っています。

御廟橋を渡るとお大師さまが入定された奥の院があり、一番奥にはお大師さまが今も瞑想されている御廟があります。

お大師さまは、承和二年三月二十一日に高野山で入定されました。西暦の八三五年にあたります。

亡くなった、とは申しません。お大師さまは、今も奥の院で生きておられるというのが、我が真言密教の教えです。

現代にあって、それはお伽噺にすぎないと思うでしょうが、私はそこからお大師さまが生命力を発し続けて、私たちを助けて下さっていると信じています。

お大師さまの入定については、歴史学者たちが史料から検証をしてもいます。しかし、その「史実」を超えて、お大師さまの「入定留身」を信じるところに「信仰心」があると、私は思っています。

それが高野山という霊山の根本です。教えが、かくも永きにわたって守り伝えられ、数多の人々を救い、癒す力を持ってきたのは、ひとえに高野山におわして、大いなる力をあまねく発しておられる、お大師さまのご利益なのです。

最近、若い女性が高野山に行ったときの感想を聞きました。これまで真言密教のこともよく知らなかったけれど、世界遺産を訪ねる旅に参加してのことでした。

「金剛峰寺にお参りしたとき、優しい空気に包まれて、誰かが見守ってくれるような安心感があって、とても感動した」

そう、目を輝かせるのです。きっと、お大師さまが傍にいてくださったのですよと、私は申しました。

世の中が、どのように変化しようとも、われら信徒は、お大師さまのこの生命力を信じて教えを奉じ、研鑽を勤め、人々の救済に心を注いでいかねばなりません。

お大師さまが入定の前日に自ら彫造し開眼された廿日大師

お大師さまは、死ではなく禅定に入っているものとし、高野山奥の院御廟で日常と変わりないお世話を続けています。

高野山奥の院の霊廟には「維那《ゆいな》」と呼ばれる僧が衣服と二時の食事をお給仕しています。霊廟内の模様は維那以外が窺うことはできず、維那を務めた者も他言しないのが定めであります。

三月二十一日には「御影供」という法会が修せられます。御影に供養の「供」と書いて、

「みえく」と読みます。

毎年、旧暦で修されるのが「正御影供《しょうみえく》」で、毎月ごとの「月並御影供」があります。御影供は、高野山と東寺において、千年以上続けられている大切な行事であります。京都にあります東寺では、御影堂での御影供の法要に参拝する人々のために、「一銭一服」の茶屋が店を開き、いまでは毎月二十一日には境内に千店近くの露店が並んで賑わいます。

私が、このほど住職を務めることになりました高野山清浄心院は、お大師さまが開基とされた由緒ある古刹であります。

その御本尊の廿日大師は、お大師さまが入定の前日に自ら彫造し開眼されました。

歴史ある名刹を守ることはもとより、この寺を訪れる人々に幸せと安心をもたらす祈りの場としたい。御仏の抜苦与楽の教えによって衆生救済の道に励んで、高野山の一隅を照らす光となりたいと念じています。高野山の名刹をお守りするお役目を、私はお大師さまから導かれた使命だと受け止めています。お大師さまが、高野山でお前の護摩を焚けと仰っておられるのだと、肝に銘じております。

この名刹の御本尊を、お大師さまがご入定の前日に彫って開眼されたという故事は、お大師さまが病床にあったりしたのではないという証です。

お大師さまは、ご入定三年前の年の十二月十二日から、「世間の食べ物」を避けて、座禅瞑想につとめるようになりました。そして、いよいよ承和二年正月からは水気や流動食も絶ってしまったのでした。

このことは、お大師さまが入定された年の十月に、弟子が書いた『空海僧都伝』にあります。

お大師さまは、平常と変わらぬお姿で横たわり、禅定に入られたと伝えられています。そして、いまも私たちと共に在って、衆生救済を実践しておられるのです。

最後の一人が救われるまで、お大師さまは浄土に安住されずに、私たちを守り救ってくださっています。

「ありがたや　高野の山の岩陰に
大師はいまだ　おわしますなる」

この御詠歌は、高野山という聖地の有り様をよく表しています。

遠い昔になりますが、大学に入学するために高野山に足を踏み入れましたとき、「あぁ、お大師さまが傍にいてくださる」という、大きな温かい霊気を感じました。

お大師さまの「影」を感じることは、そのまま「おかげ」をいただいていることです。

お大師さまが高野山にいまもおられることを信ずる心が信仰心であります。

見えないものの「お陰」を信じる心から生きる力が湧き出る

生命のはたらきには、光と影があります。私たちは、なにげなく「おかげさまで」と言いますが、「影」はいつもいっしょに生きているのです。古来、日本人は、その影に「お」をつけて敬ってきました。光と影とをいっしょに知ることによって、私たちは生命の本当の姿を知ることができるのです。

目に見えない力、はたらきが、私たちを陰から助けてくれています。「陰ばたらき」という言葉がありますが、日本人は永いあいだ、目に見えない世界を信じ、その力を敬って生きていました。

日本人は、もともと自然とともに生きてきました。自然と自分と渾然一体になれる、そういう暮らしをしてきたのです。

お大師さまは、京都の近くではなく、自然に囲まれた高野山を修行の場として選びました。自然を愛し、自然の力を知っていたお大師さまならではの選択だったと、私はいつも思っています。

自然とともに生きることは、見えないものに敬意を表す心を育てます。先祖や亡くなった親しい人たちが、木々の梢から見守ってくれているように思い、遠くで亡くなった人が蛍になって帰ってきたと、信じて生きていました。そして、その見えないものの「お陰」を信じる心から、新たな日々を生きる力が湧き出るのです。

私たちはともすれば、目に見えているものが全てだと考えがちでありますが、私は目に見えているのは真実の一〇％にも満たず、残りの目に見えない九〇％以上に、私たち人間は左右されている、と考えています。氷山が海に浮かんでいるような姿で、海面に浮かんで見えるのが、私たちが確認できる姿でありますが、ほかの部分は海中にあります。

目に見えない部分というのは、人智を超えた存在に対する敬虔な気持ち、他の動植物、自然に対するやさしい思いやりの心、先祖に対する感謝の気持ち、親兄弟、隣人、友人に対する敬慕の気持ち、祖国、郷土に対する愛情など、カネでは買えない、モノには代えられない心や気持ちのことであります。

その見えないところから御仏に届けるのが「祈り」であり、御仏の力を受け取るのも見えない部分であります。祈りこそ、御仏と自分自身とを結ぶ絆であります。

宗教の根幹は「祈り」です。見えない生命を思う心が祈りであるともいえます。

私が幼い頃から、父に教えられました言葉に「ひとが喜んでくれて初めて行の意味がわかる。ひとが幸福になって、喜んでいただけたなら、その喜びによって仏が行者を守ってくださる」というのがあります。一心に他人の幸福を願って祈れば、必ずその他人の喜びが行者を守ってくれる、というのです。そして、うまずたゆまずするのが行だ、というのであります。

祈る心とは、謙虚な心であります。

私は、現代日本に欠けてしまっているのは、この謙虚な心ではないかと思っています。「俺が、オレが」ではなく、「おかげ、おかげ」と思えれば、目の前に大きな世界が広がります。

そのことを教えてくださるのがお大師さまであり、高野山の霊気であります。

史料にお大師さまの入定に関する記述が初めて登場しているのは、入定後百年も経って康保五（西暦九六八）年に書かれた『金剛峰寺建立修行縁起』です。これは、仁海が著し、入定したお大師さまは四十九日を過ぎても容色に変化がなく髪や髭が伸び続けていたとされています。

『今昔物語』には高野山が東寺との争いによって一時荒廃していた時期に、東寺長者であった観賢が霊廟を開いたという記述があります。これによると霊廟のお大師さまは石室と厨子で二重に守られ坐っていたといいます。

観賢は、一尺あまり伸びていたお大師さまの蓬髪を剃り、衣服や数珠の綻びを繕い整えた後に、再び封印霊廟をしました。また、入定したあとも諸国を行脚しているという説もあります。その証として、毎年三月二十一日にお大師さまの衣裳を改める儀式のとき、衣裳に土がついていると言われています。

一方で、『続日本後紀』に記された淳和上皇が高野山に下した院宣に、お大師さまの茶《だ》毘《び》式に関する件があり、またお大師さまが入定された直後に東寺長者の実慧が青竜寺へ送った手紙の中に空海を荼毘に付したと取れる記述があることなどから、火葬されたとする説もあります。桓武天皇の孫である高岳親王は、十大弟子のひとりとして、遺骸の埋葬に立ち会ったとされています。

人々の心に闇があるかぎり、私はこの世にみんなと共にいよう

お大師さまがご自身の生命や、未来を生きる人々の救済を、どのように考えておられたのか、萬燈会のことからお話したいと思います。

お大師さまの贈り物は、はかりしれないほど大きなものばかりです。

「虚空尽き、衆生尽き、涅槃尽きなば、我が願も尽きん」

お大師さまの、ご誓願です。

人々の心に闇があるかぎり、私はこの世にみんなと共にいよう、闇が消えて満たされたとき、初めて私の願いがかなうのである。お大師さまの生命の原動力ともなったこの句は、「高野山萬灯会の願文」におさめられています。

「恭んで聞く。

黒暗は生死の源、遍明は円寂の本なり。

其の元始を原《たず》ぬれば、各因縁有り。

日燈空に擎《ささ》ぐれば、唯一天の暗きを除き、

月鏡漢に懸くれば、誰か三千の明を作さんや。

大日遍く法界を照らし、智鏡高く霊台に鑒《かんが》みるが如きに至っては、内外の障悉く除き、

自他の光、普く挙ぐ。

彼の光を取らんと欲はば、何ぞ仰止せざらん」

（つつしんで聞く。黒々とした暗い闇は生死すなわちこの世に生きる苦の源であり、光あまねく明の世界すなわち智慧は涅槃の世界の大本である。その源をたずねれば、それぞれに因縁がある。太陽が空に昇れば、天の暗闇も取り除かれ、月が銀河にかかれば、三千大世界、宇宙全体は明るく照らされるだろう。大日如来が智慧の鏡をかかげて、あまねく世界を照らし、その智慧の光は高くあがって、衆生の心を見通すようになれば、内心の迷いや身体の悪行はことごとく除かれて、

自利、他利ともにその光をひろく完成する。その光をとろうとして、どうして仰ぎ眺めずにいられようか）

現代語はこのように訳されています。

お大師さまの原文のリズムは、私たちにいまなおビジュアルな映像をイメージさせてくれます。

夜の闇が融け、東の空が藍から青に、やがて紫色となって朝日が昇る、一日の始まりが瞼に浮かびます。

あるいは夜空に煌煌と輝く月と星の銀河、満天に散りばめたダイヤモンドのような星の海に思いがひろがります。

あの日月の輝きは、ほんとうにただ物質による現象だけなのでしょうか。

ダイナミックに天空を駆け昇る太陽は、私たちの心の闇を払って一日を生きるエネルギーを与えてくれます。

夜空高く、深く包み込むような月光は、恐れにさいなまれる心の弱さを癒し、優しく励ましてくれる思いであります。

生命とは無明と明との繰り返し

「生まれ生まれ生まれ生まれて生の始めに暗く、死に死に死に死んで死の終わりに冥し」と、これは『秘蔵宝鑰《ひぞうほうやく》』の一節です。

（無始よりこのかた、あらゆる生きとし生けるものは、限りない生と死とを繰り返してきた。そして、未来永劫のかなたにいたるまで、生と死とは尽きることがない）

そう訳される、有名な句です。

私は、この句を読むたびに、暗黒の宇宙空間からこの地球に旅してきた一粒一粒ずつの生命の種を思い浮かべます。

宇宙はビッグバンによって誕生したと、現代科学は教えます。そして、いつかはブラックホールとなって消えてしまう。

しかし、その暗黒からまた爆発が起きて、宇宙が生まれ、無数の星が誕生して生命がそこに散りばめられる。

その繰り返しは、私たち一粒ずつの生命ではとても計りきれないほどの無限の時を重ねているのでしょう。

お大師さまは、生命とは無明と明との繰り返しなのだと、私たちに教えています。この世に生きるとき、私たちは光を求めて時を全うします。太陽と月とが、毎日私たちを照らして下さっているというのに、あまりに当たり前のこととして忘れてしまいがちであります。

この世に生きるということは、闇から光への巡礼です。この世では苦しみを我が生の課題となして、その苦しみを自分がどう乗り越えるのか、苦しみから抜け出したときの喜びをどう表して生きるのか。そこに、この世に生まれたことの意味があると私は考えます。

苦しみを克服した一人の力は、じつは一人だけの力ではない、御仏の加護をもって、生きとし生けるものすべてに宿る生命の根源の力をパワーアップして、幸福への道に進んだのです。

一歩進んだら、次の一歩は後ろで苦しむ人たちのために使う、御仏はそう教えます。迷いの暗黒を、全て取り去ることが、「虚空尽きる」ときです。

自分一人が闇から抜け出した、と思っても漆黒の闇に小さな懐中電灯を供して歩いているようなもの、目の前に水たまりがあったところで、わかりません。足を滑らせ、せっかく手にした懐中電灯を落として、また見失ってしまうかもしれません。一人より二人、二人より三人、懐中電灯を灯し合って、街灯をつければ道を見失うことはなくなります。

いま、地球を、自分に置き換えてみて下さい。密教は、生命とは、地球あるいは宇宙と一人ひとりの身体とが互いに感応しあう、一つのものだと教えます。

「同行二人」、お大師さまとともに歩いている遍路たち

さて、お大師さまの萬燈会の願文にもどりましょう。

萬燈会は、天長九（八三二）年八月二十二日、高野山金剛峯寺において、もろもろの弟子とともに行ったもので「萬燈万華会」と申します。万におよぶ灯明と万の花とを、両部曼荼羅と四種智印に供養する法会です。

以後、毎年行って、生きとし生けるものの恩の恵みに感謝してこれに応えることを宣言したのでした。

仏界の諸仏、すべての人びと、空を飛ぶ鳥や地上の虫たち、水中の魚や林に生きるけものまで、あらゆる生命によって、我が生命は生かされ、また我が生命によって他も生きるのが「恩恵」であります。

その生命の循環によって、一粒の生命は満たされ、すべての生命が満ちていくのです。一粒の生命が満ちるとき、生命は大いなる御仏の生命と一つになって、ようやく生命の巡

礼が終わるのです。

そのときまで、お大師さまは私たちと共に歩いて下さるという誓願であり、これを人々に示された萬燈会でした。

「是に於て空海諸の金剛子等と与に、金剛峯寺に於て、聊か万燈万華の会を設けて、両部の曼荼羅、四種の智印に奉献す。期する所は毎年一度、斯の事を設け奉って四恩を答え奉らん」

お大師さまは、この萬灯会を行われた頃から、いっさいの宗教的社会的な活動を退かれて、高野山に籠もり、二年半後に入定されたのです。自ら即身成仏をなし遂げられ、いまなお、永劫に生きつづけて生きとし生けるものを救っておられます。

萬灯会は、お大師さまご自身のこの世とのお別れの行事であり、誓願の遺言でした。

萬灯会の願文を最後まで続けましょう。

「虚空尽き、衆生尽き、涅槃尽きなば、我が願も尽きん」

声を出して読んでみて下さい。宇宙の響きが身体にこだまするでしょう。

光がもたらすもの、それは生きとし生けるものみな、同じように心晴々と朗らかに輝く仏性の世界なのだ、とお大師さまは告げおられます。

私たちは、光明の世界を信じて、いのちの旅を続けていく遍路なのです。

四国遍路、あるいは私どもも九州にもありますが、全国津々浦々の霊場めぐりをする遍路たちは、すべて「同行二人」、つまりはお大師さまとともに歩いているのです。

虚空尽きるまで、苦しみのなかにある人とともに生きるのが、私の誓願なのだよと、お大師さまは言って下さいます。この世に生きる闇から光への遍路を、お大師さまは衆生とともに歩いて下さるのです。

荒廃する現代日本社会で、このお大師さまの心を、もう一度知ってほしいと、私は願っています。

見えないけれど、私たちの側にはお大師さまがいて、助けて下さるのです。あるいはご先祖も助けてくれます。そう思ううちに、親が助けてくれていること、周囲の人たちがどれほど助けてくれているかに気づくのです。

高野山では、お大師さまが開山されてから諸々の行事が執り行われてきました。千年を超える星霜のなかで盛衰を繰り返しながら、いまも一年を通じて伝統の行事が多々続いています。そのなかで新しい行事といえましょう、萬灯供養会が八月十三日の夜八時から行われます。

萬灯会そのものは、お大師さまが始めたものです。万の灯明と万の花とを両部曼荼羅と四種智印に供養する法会です。

このとき、お大師さまは、この法会を毎年行い、あらゆるものの恩の恵みに答えることを宣言しました。

仏界の諸仏、すべての人々、はては空飛ぶ鳥や地上の虫類、水中の魚や林中のけものに至るまで、およそ宇宙法界《ほっかい》に存在する限りのありとあらゆるものは、すべて恩の恵みである。したがって、これらのものが一つ残らず仏と同一の悟りに入ることを祈り続けたい。

お大師さまは、そう誓願したのです。

萬灯会とは、お大師さまの即身成仏の教えの象徴のようなものです。

昭和四十九（一九七四）年から、萬灯供養会がお盆の行事として始められ、現代の高野山の夏に欠かせないものになりました。

参詣者は奥之院道中にロウソクをお供えして、ご先祖をお迎えします。参道の両脇に、ロウソクが十万本余り灯されて、まるで光の川が現れたような見事さです。奥之院まで、大松明が担ぎ上げられるクライマックスは、さながら暗闇を照らす一筋の光の道、迷いの世界から仏さまの世界へと導いて下さるお大師さまの心そのもののようです。

お盆は、いまでは盆踊りの祭りだと思っている若者もいますが、遠い遠い太古の昔から続く自然の恵みに感謝する行事でした。

「御遺告」で語る、ご自身の入定への「準備」

さて、お大師さまは、入定後の指示を弟子たちに伝えています。『御遺告』と呼ばれるものであります。

その最後のほうに「如意宝珠」の作り方を細かく述べています。これは「密の上の密、深の上の深なる者」で、「文書にして散じてはならない」としました。写しなど取って、あちこちに配ってはいけないとしたのです。それまでの『御遺告』の条文は、弟子たちがどのように行動すればよいのか、どのように教えを守っていけばよいのかといった信仰を守る方法を告げています。ところが、この「縁起第二十四」は、如意宝珠はこうして造りなさい、というものなのです。

これは九種の素材で作るように。仏舎利、沙金、紫檀、白檀、百心樹・桑木・桃木・大唐・漢桃《からもも》の沈香です。みな分量まで決められています。これらに沙金と白金とを合わせて、壷に入れて……と、造り方を細かく指示しています。

身を清め、名香を口に含んで不動真言をはじめ真言を唱えながら造るのです。

まるで、金丹を作るような厳密さを要求しておられます。何日もかけて、秘密裡に、修法しながら作り上げるのです。そして、東寺の座主大阿闍梨だけが、これを伝えていくことができます。

ここにいう「白金」が、水銀だとする研究者もいます。古代に在って、水銀はそれほど重要だったのです。

さて、水銀とお大師さまとの関わりで、どうしても触れなければならないのが、お大師さまの最期です。

お大師さまは『御遺告』で、ご自身の入滅への「準備」を語ります。

「吾れ去《い》んじ天長九年十一月十二日

より深く穀味を厭いて専ら座禅を組む。

みな是れ、令法久住《りょうほうくじゅう》の勝計並びに末世後生の弟子門徒等の為なり」

西暦でいえば、八二三年の晩秋から穀類を口にせず、座禅をこととした。これは仏さまの真理の教えを永く栄えさせるためのすぐれた方法であり、同時に末世後世に生きる弟子や信徒たちのためであります。

五年に及ぶ穀断ちの末に、入定の三か月前からは水も取らなくなりました。それだけでも超人的なことです。

記録には残りませんが、穀断ちと同時に、「丹」つまりは水銀を摂取していったという伝説があるのです。

お大師さまの背中に痒ができたのは、水銀の中毒であると指摘する研究者もいます。その真実は、わかりません。

なぜ、そのような危険なことをされたのかといえば、ご自身の肉体をミイラとして永く「生かして」おこうと決意されたのではないか、というものです。

水銀が「不死」の薬であることは、中国伝来の知識として知られていました。雑密と呼ばれる中国の道教、そして錬金術が日本で流行した二～五世紀にかけて、水銀は非常に高価な鉱物でした。

仙人になるための神丹・練丹

お大師さまは『三教指帰』のなかで、仙人の薬について詳しく述べています。

「白朮《はくじゅつ》、黄精《おうせい》、松脂《しょうし》、穀実《こくじつ》の類《たぐい》は内の病を除き、蓬《よもぎ》の矢、葦《あし》の戟《ほこ》、神符《しんぷ》、呪禁《じゅきん》の族《たぐい》は、外の難を防ぐ」

ここに出てくるのは、神符、呪禁を除いてはみな植物系の仙薬の素材です。されに、続けます。

「呼吸時を候《ま》ち、
緩急節に従う。
天門を扣《たた》いて
醴泉《れいせん》を飲み、
地府《ちふ》を掘って
玉石を服す」
呼吸は夜半より日中までとし、季節に応じて調整する。天門にあたる鼻孔を叩いて、唾を飲んで身を潤す。地中より玉石を掘り出して、仙薬として飲む。
このように、お大師さまは仙人になるための「術」を述べています。
そして、「丹」について語ります。
「白金、黄金は乾坤の至精《しせい》、神丹・練丹は薬中の霊物なり。
服餌するに方有り、
合造《がっそう》するに術有り。
一家成ることを得つれば、
門を合って空を凌《こぞ》ぐ。
一銖纔《しゅわず》かに服すれば、白日に漢に昇る。

其の余の符を呑み、
気を餌《くら》うの術、
地を縮め、体を変ずるの奇、
推すに広し。
勝《あ》げて計《かぞ》う可からず」

ここで白金といっているのは、銀だと解釈されています。金銀は天地の真髄。そして、道教の薬である神丹、練丹は仙人となって霊性を得るもの。しかし、服用するには方法があり、調合するには秘術がある。

一人がこれに成功すれば、その一族はみな天に昇る。わずかな薬を服用するだけで、昼間でも天に昇る。そのほかの神符をのみ、生気を食う術とか、遠い道のりを速く行くとか凡人の体を変えて仙人になるなどの不思議なことは、たくさんあって数え切れない。

ここには、まさに道教を熟知した知識があるのです。

唐に渡ってからのお大師さまは、むしろご自身が学んできた知識を、実地に体験したりその目で確かめておられたのです。

生涯を賭けて即身成仏を果たされた、生命力が高野山に満ちている

お大師さまが青龍寺で、恵果和上から教えを受けていたとき、唐の朝廷に異変が起こります。

時の皇帝、憲宗が亡くなりました。不老長生の仙薬として服用していた丹薬、つまりは水銀を取り過ぎたためだとも伝えられます。お大師さまは、水銀の毒についても十分な知識があったはずです。

中毒を起こしたのではなく、準備していた通りに肉体を自ら「改造」する内丹を実践していたのでしょうか。

そうでなければ、入定の日時を予言することは難しいと思っています。

「虚空尽き衆生尽き涅槃尽きなば、

わが願も尽きん」（『性霊集』巻八）

その誓願を成就するため、お大師さまは秘法中の秘法として、不老長生の生命を創り上げることに挑戦されたのでしょうか

「忘れてもくみやらしつらん旅人の

高野のおくの玉川の水」

この歌は、お大師さまが歌ったものです。

「高野の奥院にまいる道に。玉川と云う河の水上に。毒虫のおほかりければ。此の流れをのむまじきよしをしめしおきて後。よみ侍りける」（『風雅和歌集』）

玉川の上流は水銀濃度が高い土地です。いまにして思えば、水銀の毒を「毒虫」として人々に警告したのだとも思えます。

水銀は、人間にとって両刃の剣です。それは、密教の教えと同じで、使い方の未熟な者や邪悪な心を持った者が使えば、毒になります。しかし、奥義を極めた者が使えば無限ともいえる利益を得ることができるものです。

「若し信あらば　祐《さいわい》を得、
若し信なくんば幸なからむ」

お大師さまが高野山に生きておいでであることを信ずれば、幸いがやってくると、『御遺告』は告げています。

「ありがたや高野の山の岩かげに
大師はいまだお在しますなる」

お大師さまが生涯を賭けて、即身成仏を果たされた、その生命力が高野山に満ちていると、私は信じて生きています。

お大師さまの諡号は、当初は「本覚大師」が贈られることになっていましたが、「弘法《こうぼう》利生《りしょう》」の業績から、「弘法大師」の諡号が贈られることになったということです。

そして、大師の諡号を贈られた高僧は数多あるなかで、いまも宗派を超えて「お大師さま」と親しまれながら呼ばれるのは、弘法大師空海ただ一人であります。

十二

もう一つの拠点、京都の東寺

お大師さま五十歳のとき、嵯峨天皇に与えられた東寺

お大師さまの足跡をたどってきましたが、読み返せば、一つ大切なものが足りないと感じました。それは、「東寺」についてのお話です。

高野山開創千二百年を目前にしてまとめたこの稿なので、どうしても高野山を中心に語ってきましたが、京都の東寺は、お大師さまのもう一つの拠点であります。

そして、東寺についてお話をまとめていますと、お大師さまの別の側面も見えてきます。それは、お大師さまという偉大な存在のキラメキをさらに万華鏡のように多彩に映すものだと、私は胸に深く深く刻んでいます。

まずは、東寺とお大師さまの関わりをお話しましょう。

東寺は、京都市南区九条町にある真言宗の根本道場であり、東寺真言宗の総本山であります。東寺の五重塔は現在は国宝で、高さ五十四・八メートルで木造塔としては日本一の高さを誇っています。この塔は五代目で、一六四四年に徳川将軍家光の寄進で建てられました。いまも京都の玄関口のシンボルです。「教王護国寺」とも呼ばれ、山号は八幡山、本尊は薬師如来であります。

東寺は、平安遷都まもない七九六年、桓武天皇のときに、羅生門を挟んでの西寺である鞍馬寺とともに京都に創建されました。この二つだけが官寺として許されたのでありました。東寺は国の東の、西寺は国の西の王城鎮護を担う寺でした。

弘仁十四（八二三）年一月十九日、桓武天皇のあとに即位した嵯峨天皇は東寺をお大師さまに与えました。お大師さまが五十歳のときのことで、この寺を密教の根本道場とすることにしたのです。

帝は「教王護国寺」とするように勅を発しました。この三カ月後に、嵯峨天皇は譲位して、淳和天皇が即位します。そして、その秋には五十人の真言僧が東寺に常住して、修学することが朝廷から許されます。

「教王」は「王を教化する」との意味で、「教王護国寺」という名称には国家鎮護の密教寺院という意味合いが込められています。いまも宗教法人としての正式名称は「教王護国寺」で、世界遺産の一部になっております。また、私の寺の大弁財天像も頭部を東寺で法要していただいてから、鹿児島に運んだご縁深い名刹です。

「徳の聚《あつ》まる所は
塔幢《とうどう》是れ最なり」（『性霊集』巻九）

塔を造ることは、東寺の象徴を造ることだと、お大師さまは力を尽くします。結局、塔の完成を見ずにお大師さまは入定しますが、御影堂（国宝）の南側にはお大師さまの念持仏とされる不動明王坐像、これも国宝ですが、安置されています。厳重な秘仏として公開されていませんが、日本の不動明王像としては最古の一つです。

全知全能を傾けて創った、曼荼羅が立体的に迫る仏さまの世界

さて、お大師さまは東寺を与えられた時、すでに高野山を造営し始めていました。帝の勅の翌年、お大師さまは造東寺別当に任じられ、全力をあげて、いまに残る講堂などの建設を始めました。お大師さまは、ここに十年間高野山から毎月通って、潅頂堂、鐘楼、経蔵を建て、五重塔を建てて、日本における初めての本格的な密教寺院を造りあげたのです。

東寺の講堂には、二十一尊の仏像が安置されています。この五仏、五菩薩、五大明王、六天は、我が国最初の密教の正規の法則にのっとった塑像であり、仏像の周りの装飾的な装置も、祈りに必要な法具も、すべてお大師さまが唐の恵果和上から伝えられた密教正統の方式によるものです。

私は、若き日に初めて東寺を訪れて、講堂に入ったときの衝撃を、いまも鮮明に覚えています。暗いなかに浮かび上がる仏さまたちには、生き生きと語りかけてくるような迫力

があって、私はお大師さまが教えた密教とは何かを瞬間的に感じ取りました。そこには濃密な生命感が在って、まぎれもない曼荼羅の世界でした。

仏さまのおられる究極の宇宙は、どれほど言葉で教えられようと、どこかイメージを結びきれないものがありました。

文字では伝えきれない密教の教えを、曼荼羅という視覚に訴えて伝えるのですが、東寺はその曼荼羅が立体的に迫ってくるのです。それは、お大師さまが全智全能を傾けて創った仏さまの世界だったのです。

お大師さまは、高野山には、他の宗派でも受容れましたが、東寺は真言僧だけの道場として「閉鎖」しました。これら二十一尊は、一九六五（昭和四十）年まで、一千年以上も秘仏として公開を許さなかったのです。

大日如来を中心に配置される仏像の壇は、幅二十六メートル、奥行き七メートル余りという大きなものです。尊像は、しかし序列をもって並べられているのではなく、それはみな大日如来の分身であり、「山川草木悉皆成仏」の真理のとおり、等しく尊い生命の尊像であるという思想が根本にあります。

お大師さまが構築したその空間は、それまでの日本の仏教にはないものでした。

この東寺のありようを思うとき、私はお大師さまがもたらした密教とは、時代を大きく変革させたにちがいない力をもっていたと確信するのです。

生命はみな平等であり、じつは天皇も民衆も同じ仏の子なのだと、お大師さまは言葉ではない東寺という曼荼羅によって説いていたのです。万民が幸せに生きるには、国家という組織が安定していなければならない、その頂点にある帝の守ること、国家を守ることは、民衆を守ることと同じであると、お大師さまは考えていたのです。

東寺を「閉鎖空間」としたのは、密教を誤解されないためだったと思います。さらには帝さえ仏さまの前にはひとつの生命だという教えの根底を、世俗の人びとに知られたくなかったのではないか、と思っているのです。中世以後の東寺は後宇多天皇、後醍醐天皇、足利尊氏など、多くの貴顕や為政者の援助を受けて栄えました。

一四八六年の火災で主要堂塔のほとんどを失いますが、豊臣家、徳川家などの援助により、金堂、五重塔などが再建されています。京都という国家の中心に位置しながら、東寺の曼荼羅空間は守られてきました。

「空海はこの国に密教をひろめるためには、単に弘法《ぐほう》だけでなく前時代の精神文化の、ときにはその一切を改変してあらたな時勢が到来したという気分を日本国に盛りあげる必要を当然感じていた」

これは、司馬遼太郎著『空海の風景』の一節です。

隣接する土地に創立した、庶民の子弟が学べる学校「綜藝種智院《しゅげいしゅちいん》」

お大師さまは、東寺に入った五年後に、隣接する土地に「綜藝種智院」を創立します。これも日本で初めての試み、庶民の子弟が学べる学校でした。綜藝種智院の教育は、日本で初めての平等教育を目指したものでした。

教育に必要なのは、教育を受けるための親の社会的地位ではない、教育を受けたいと願う子の意志なのだと、お大師さまは考えておられました。

「いろはうた」の創設も同じお考えです。

古代中国では、文字は神との交信に使う神聖なものとして、皇帝とその周辺の一部のものしか学ことが許されません。日本でも同じことで、文字を学ぶのは、一部の選ばれた者だけでした。

お大師さまは、御仏の教えである生命の本当のことを教えて救うには、全ての人たちが、文字を知ることが大切なことだと知っておられたのです。

お大師さまのお考えは、じつは途切れてしまったわけではありません。さまざまな伝説や説話となって、日本中に広がったお大師さま信仰の根っこには、このような平等の思想が深くありました。

高野聖や、四国巡礼などなど、お大師さま信仰は、庶民のあいだに長く語り伝えられて今日にいたっているのです。日本人の精神を知るには、じつは潜在意識に深く埋まっているお大師さまの教えをひもとく必要があると私は考えています。

天孫降臨で天から降りてきて日本を統治する帝も、山奥で暮す樵《きこり》も町に暮らす庶民も、大日如来という源へたどり着く等しい生命を分かち合っているという密教の真髄を、当時の日本人がどれほど理解したことか、わかりません。

しかし、帝ご自身は、じつは理解していたのではないかと、私は思うときがあります。当時の嵯峨帝は、聡明で文芸にも造詣の深い方でした。お大師さまの説く密教を理解したかからこそ、さまざまな支援を陰に日向にされたのです。その結果、社会の底流は変わっていきました。戦いよりは調和を重んじ、武を誇るよりは文化を尊ぶ平安朝という日本独自の時代が花を開くのです。

東寺とお稲荷さまとの深い縁

この東寺は、じつはお稲荷さまと深い縁がありますが、そこに隠された意味を、私はひもといてみました。

お稲荷さまとお大師さまのご縁の背景にはじつは大きな社会変革の波があったのです。

東寺の寺宝は五万点にのぼるとされますが、そのなかに『弘法大師行状絵詞』という全十二巻の絵巻があります。

室町時代、お大師さまの生誕六百年を記念して、西暦一三七四年に、東寺が総力をあげて製作を開始したものです。

全部で六十一の物語が描かれていますが、そのなかに稲荷神との出会いがあります。

八一六（弘仁七）年のこと、お大師さまは紀州田辺で、一人の老人に出会いました。身の丈は二メートル半もある筋骨たくましい老人です。

「そなたには威徳が具わっている。私を弟子にしてほしい」

そんな会話を交わして別れて七年、東寺の創建に着手したばかりのお大師さまを、この老人が約束通りに訪ねてきました。絵巻には老人が二人の女性と二人の子供を連れ、稲穂を担ってきて、お大師さまからもてなしを受けている様子が描かれています。

この老人は、じつは稲荷神だったのです。

「今、塔幢《とうどう》の材木近く東山に得たり」（『性霊集』巻九）

これは、東寺の五重塔を建設するためにお大師さまが書いた願文です。東山とは、東寺の東にある稲荷山のこと、日本の稲荷社の総本山とされる伏見稲荷大社の神域です。

お大師さまが朝廷に申請した材木運びの人夫はのべ三千四百三十人にのぼります。塔の建設だけでも、これほどの人を必要としたのですから、東寺の建設がどれほど大掛かりなものであったか、しのばれます。

お大師さまが「得た」材木二十四本は、稲荷神社の神木でした。その結果、稲荷神が祟って、嵯峨帝の次に即位した淳和帝が病気になったので、翌年に東西二寺において薬師悔《やくしけ》過《か》を修して、さらに稲荷神社に従五位下の冠位を授けたという記録があります。

お大師さまが、あえてそのような神域を侵すことになったのか、歴史の謎とされてもいますが、陰陽五行思想からいえば、むしろ稲荷神社にとっても、東寺にとっても、木を切ることによって、互いに繁栄する結果を生むことになるという説もあります。

ともかく、五重塔は無事に完成し、稲荷神社も冠位を授かりました。

お大師さまが出会った稲荷神とは製鉄技術集団のリーダーか

田辺の老人、つまりは稲荷神が東寺にお大師さまを訪ねてきたのは、稲荷山の神を東寺の鎮守とした由来になるのです。田辺の老人は、東寺の建設を手伝うことになりますが、この言い伝えは、建設に必要な製鉄職人の集団が、お大師さまに協力したことを物語っているという説があります。

お大師さまには、鉱山師としての一面があった、という説につながるものです。

古来、修験者は鉱物を求めながら深山で修行を重ねたともされます。

すでに水銀にまつわるお話をしましたが、製鉄とお大師さまを結ぶ、さらなる隠れた側面に光を当ててると、興味深い、ダイナミックな歴史が浮かび上がります。

人類が鉄を使い始めたのは、ずいぶん古いことになります。隕鉄《いんてつ》といいますが、空から降ってきた隕石のなかに鉄とニッケルを主成分とする硬い金属がありました。人類は早くからこれを使っていたのです。紀元前四千年紀のエジプトの王墓から隕鉄製の小玉が発掘され、さらには有名なクフのピラミッドからは彫刻用の鑿《のみ》が見つかっています。砂鉄を精錬した鉄で造られた短剣が、紀元前三千年から二千七百年のシリアとメソポタミアの遺跡から発掘されています。

しかし、なんといっても鉄の威力をよく知っていたのが、紀元前十七世紀のころ、トルコ・シリア地方に登場したヒッタイト帝国でした。この帝国は、インドに侵入してインダス文明を破壊したアーリア系と同じ民族が建てた国です。

高原からやってきたヒッタイト民族は、鉄と軽戦車を持っていました。当時の武器は青銅器で、鉄よりずっと脆いので、彼らは勝ち続けて、五百年くらいの間に、現在のトルコに大きな帝国を築きました。帝国は製鉄の技術を秘匿し、他の国は製法がわからないので鉄兵器の前に屈服していったのでした。

縄文遺跡に、鉄製品があったのは、海を渡ってきた貴重品だったからでしょう。神への祈りがなければ、自然に助けてもらわなければ、製鉄という神秘で困難な作業は成功しないと、かれら職人たちは信じていたはずです。火に祈る。それは、いま、私が日々続けている護摩行のルーツなのかもしれません。

しかし、そうして完成させた鉄は、必ずしもよい結果だけを生むわけではありません。武器となって、敵を倒します。悲しみが生まれる道具でもありました。

さて、稲荷神とは五穀豊穣を司る神様ですが、じつは製鉄集団と深い関わりがあるとされます。埼玉県で、古代の鉄剣が出土したのが稲荷山古墳です。稲荷とは鋳成に通ずるといいます。つまりは、金属の精製です。

お大師さまが田辺で出会ったという老人は稲荷神ですが、二メートル半もの巨体だという言い伝えを考えると、海を渡ってきた製鉄技術集団のリーダーだったのでしょうか。この稲荷神はおそらくは朝鮮半島を通ってやってきたと考えられますが、ひょっとするとシルクロードの胡人だったかもしれません。現代の大相撲をわかせた琴欧州関の長身に、そのイメージが重なります。彼もまた、アーリア人の子孫のはずですから。

寺の建設に欠かせないものは、木材だけではありません。カンナや鋸《のこぎり》などの工具は、みな鉄製品だったはずです。最新の道具を使うことで、立派な寺ができるのです。

お大師さまは、おそらく製鉄の技術も学んで帰国されたのではないか、技術集団を日本に呼び寄せていたのではないかと、これも私のイメージが羽ばたきます。

出会ったという稲荷神は、お大師さまが唐で出会った胡人だったと考えられないでしょうか。異相の巨人という記録が、お大師さまとシルクロードを結びつけるのです。

燃える火から生まれる新たなモノ。火を尊んだ古代の人々の信仰が、そこにつながるのだと、思います。

その仏さまのはたらきを司る製鉄集団が、「稲荷神」となりました。

稲荷神は、宇迦之御魂《うかのみたま》神という名があります。名前に「稲」とつくように、もともとは五穀と養蚕を司る穀物神、農耕神で、稲の生産、豊穣を守護する神として崇められてきました。稲荷神は、もともと京都地方の豪族秦氏一族の氏神です。真言密教との結びつきから、白狐にまたがる陀枳尼天《だきにてん》の姿が稲荷神と同一視されるようになり、陀枳尼天を主神とする神仏習合の稲荷社の信仰が広がることになったとされます。

稲荷神と狐の結びつきについては、信心深い狐の夫婦を稲荷明神が眷属にしたという説もありますが、狐火という言葉に表れるように、狐が火を連想し、あるいはその大きな尻尾が、炉に風を送るフイゴのイメージにつながるところから、狐は稲荷明神の使いということになりました。

私は修験者の家系に生まれましたが、鹿児島ではかつては野狐をつかって術をかけたこともあったと伝え聞いています。

稲荷神は、仏教で明神の地位を得て、稲荷明神と称されます。『荼枳尼梅陀利王経』という経典に登場する「白辰狐王菩薩」によって白狐と仏教との習合がなされました。狐が霊力を駆使するというのは、中国から伝わったもので、稲荷神が陀枳尼天と習合したときに発生したものだとも言われます。

大同の動乱期に東寺に籠って祈り続け、知ったその霊力

いずれにしても、稲荷明神と密教とを深く結びつけたのは、お大師さまだったのです。されば、私の生家の境内に、お稲荷さまが祀られていたのでした。

日本と製鉄の結び付きはじつは平安時代の初期に、飛躍的に列島に広がったのではないか。そんな歴史の検証を、「大同二年伝説」と名づけて研究している人たちがいます。

しかも、この「大同二年」という年は、お大師さまと深い関わりがあります。一説にはこの年にお大師さまは京都に戻り、真言宗を開いたとも伝えられているのです。

大同という年号は、西暦八〇六年から八〇九年までのわずか三年間です。桓武天皇が亡くなって平城天皇が即位して改元がありました。翌二年は朝廷にとって暗い事件がありました。新帝に謀反を企てたとして、伊予親王とその母が川原寺に幽閉されて餓死を待つ状態に置かれていましたが、ついに二人で毒を飲んで自殺します。

このとき、お大師さまは唐から帰国したばかりで、筑紫に滞在していたころです。大同四年に、平城天皇は退位して嵯峨天皇が即位します。まもなく薬子の乱がおきて、筑紫から都に帰っていたお大師さまは嵯峨天皇に命じられて、東寺に入って「神変加持経」による修法を密かに行いました。

坂上田村麻呂が、嵯峨天皇について仲成勢を討ち取って、戦いを終わりました。その間、お大師さまは弟子たちを率いて、東寺に籠っていました。息災、増益と二座の護摩を行い、さらに一字金輪の呪を唱えて結願にいたったときに、霊験が現れて、「怨敵退散」を告げたのです。

東寺で、お大師さまは戦いに勝ったことを知りました。祈りは通じたのです。嵯峨天皇の信頼を得た修法を東寺で行ったことが、のちの東寺入りにつながったのでしょう。

それだけでなく、敗れた平城帝の皇太子だった高岳親王《たかおかしんのう》を、弟子として受容れます。長らく続いた朝廷の勢力争いの連鎖を、お大師さまが断ち切ったのです。高岳親王は出家して真如法親王と称し、のちに天竺（インド）を目指して日本を出発しますが、途中で病没します。

さて、「大同二年」の伝説です。柳田國男は、「大同二年や大同年間は、神社の縁起には非常に人気のある年号」だとしています。この「伝説」を追っている谷有二氏は、各地の寺社の創建年代は、真言宗がかかわった時点で「大同二年」に転換された、と説いています。

つまり、後年の密教修験者たちが観音信仰とともに全国にお大師さまの威徳を広めたときに、縁を結んだ神社仏閣をみな「大同二年創建」に変えていったのではないか、という推論です。しかも、この大同二年には東北各地で火山の噴火や干ばつがあったというのです。朝廷が乱れ、天変地異が起きている日本に帰ってきたお大師さまが、なんとしても日本という国を立て直さねばと考えたのは、もっともなことです。

大同という動乱期に、お大師さまは祈り続けました。そして知った東寺という「聖域の地霊」をお大師さまは信じ、連なる稲荷山を含めて、その霊力を世の安泰に使おうとしたのでしょう。お大師さまが鉱山との関係を取りざたされるのは、宇宙の贈り物である鉱物を蔵する山に、生命力のパワーを感じ取っている証だと、私は信じているのです。

東寺は平安後期には一時期衰退しますが、鎌倉時代からは「お大師さまの寺」として、広く信仰を集めるようになります。

お大師さまに、毎朝食事を捧げる儀式「生身供」や「御影供」などの儀式は、二十一世紀の今日も毎日早朝六時から東寺の西院御影堂で行われており、毎月二十一日の御影供の日には東寺境内に骨董市が立つ「弘法市」あるいは「弘法さん」として親しまれています。

超人的な健脚で、歩いて、歩いて教えを弘めた

高野山を開いてからも、お大師さまは月に二度は東寺にやって来られました。

高野山から京都まで、いまのように電車やクルマがあるわけではありません。あるいは馬を使ったかもしれませんが、高野山と馬の関係はあまり聞いたことがありません。

徒歩で、険しい山道を行き来されたのだと思います。

お大師さまは、超人的な健脚の持ち主でした。高野山から各地への行脚も、すべて歩いて巡りました。傘をかぶり、錫杖を手にしたお大師さまの像の通りのお姿で、驚くほどの速さを以って、歩いて、歩いて、教えを弘め、人々を救っていったのでした。

その健脚を物語るのが「九度山」であります。古くから高野山へ向かう道は幾本もありました。それらの道は山に近付くにつれて合流し、七つの道に集約されていきました。これを高野七口と呼んでいます。この七口のうち、九度山の慈尊院から山上の大門へ通じる参道を「町石道《ちょういしみち》」といい、お大師さまが高野山を開創された折、木製の卒塔婆を建てて道標とした道とされています。

慈尊院にはお大師さまのお母さまが住んでおられ、お大師さまは、月に九度はこの道を通って下山しておられたことから、慈尊院周辺地域の地名が「九度山」となったともいわれています。

このお母様のエピソードの一つが「女人高野」です。お大師さまが高野山を開いて修行していることを知ったお母様は、讃岐から高野山にやってきました。

しかし、高野山を修行の道場としたお大師さまは高野山を女人禁制としていたので入れません。古来、女性は修行の妨げになると、修行の場から遠ざけられていました。この「女人禁制」のしきたりが解かれるのは、日本が近代国家にある明治からのことです。

「我が子が開いている山を一目見たい」

玉依御前は、その一心で善通寺からはるばるやってきました。弘法大師の御母公が香川県の善通寺より訪ねてきたのです。しかし、高野山は女人禁制でありましたので、弘法大師の元には行くことができず、高野山の入り口に建てられた慈尊院で暮らしたのでした。

親を思うことは、自分を思うこと。仏さまを思うことは自分を思うこと。仏さまを思うことは生命そのもの、私たちが生きている地球を、社会を思うことにつながるのです。

お大師さまは、親子や肉親の情愛を大切にしました。仏さまの慈悲を感じる心が、親というものの心であります。

私の行には、真言密教だけでなく、代々我が家系に伝わってきた修験道の行も入っています。真言密教の行は、一言で言えば端正です。理論にのっとってきちんと修法を行っていきます。これに比べて修験道の行は荒々しいのです。まずは、修験道は霊山絶壁を行場としますから、行そのものも自分の身体を酷使する激しいものになります。

お大師さまは、青年の頃にエリートコースを捨てて、深い山や海辺で修行をするのですが、この間に、雑密やタオの知識をも身につけたようです。若き日に書いた小説『三教指帰』は、儒教と道教についてたっぷり書かれています。そして、仏教が真理を教える究極のものだと説いたのでした。

お大師さまが超人的な健脚であったのは、若き日の修験の修行によるものだと、私は解いています。深山幽谷できびしく自らを鍛えて御仏への祈りを深める修験道こそ、お大師さまの原点であると、私は信じています。

宇宙の秘密を知った、その力を生かして人々を救うのが密教

修験は、アジア古代文化であり、密教そのものであります。

ただし、私が学んできた修験道と真言密教と一番違うところは、修験道には呪詛の要素が多く入っているという点です。呪詛とは、文字通り相手を呪い殺すことです。

私は、高校生のときまでにその修験の秘法を、父から口伝で全て学びました。これは最高の秘法なので詳しくはお話できませんが、多少なりとも呪詛とはどのようなものか、その一端を申しましょう。

その前に、まずは呪術について、その流れをみてみましょう。呪術の源流は、遠く殷の時代に遡ります。殷は文字を発明したり、亀の甲羅で占いをしたことでも知られている国でした。中国の呪術は、それほど古くから行われていたのです。日本では、呪術といえば、平安朝の陰陽師、安倍晴明がよく知られています。宮中では、この陰陽師がさまざまな事柄に関わっていました。

陰陽師は、中国から入ってきた道教の知識をもとにしたとされます。しかし、日本にはそのずいぶん前から「雑密」と呼ばれた密教の片鱗も民間にも流布していました。

これが道教、これが密教あるいは遠い西アジアやインド伝来のものと分けられません。タオ、道教と呼ばれる中国の、これは宗教というよりは哲学に近いかもしれませんが、自然との一体感のなかから生命を考えるもので仙人の術でもあります。

私が父から呪詛の方法、つまり呪術の秘法ですが、これを学んだとき、父は申しました。

「この法だけは絶対に使ってはならぬ。国家の危機存亡のときか、人類の危機といった本当に必要なとき以外は使ってはならない。この法だけはおまえの中へしまっておき、しかるべき弟子ができたら口伝で伝授せよ。記録は一切残すな」

記録に残して、人の目に触れて悪用されるとたいへんなことになる、それが秘法の秘法たるところです。口伝という形で、先人たちはその危機管理をしてきたのです。

どれほど学問の知識を得ようとも、礼節を知ろうとも、自然の法則に則った技を持とうとも、智慧と慈悲を備えた仏さまの心がなければ、生命を救うことはできないのだと説いたお大師さまです。まだ二十代で、そこにいたったお大師さまの、修行がどれほど深いものだったか、私は感動を覚えます。

これは現代にも十分に通用する教えです。原子力のことに重ねると、よくわかります。原子力という大いなる力は、平和利用すれば人類を救うことが出来ますが、核兵器を悪用すれば一瞬にして人も都市も国家も破壊するパワーを持っています。持てる「技」をどのように生かすのか、二十一世紀のいま、人類の智慧が問われているのです。

密教の教えそのものが、宇宙の秘密を知った、その力を生かして人々を救うものであります。その法が秘める無限の力を、仏さまの心を持たない者に使われないように、さまざまな秘法の伝え方がつくられている「秘密の教え」です。呪術は、まさにこの教えに則って伝えられました。真言密教の行は端正であり、修験道の行は荒々しい、と申しましたのは、布教の役割を担うものと秘法を守り伝えるものとの違いでありましょう。

お大師さまが学んだ呪術については、公開されてはいません。呪術とは、秘法中の秘法なので、口伝によって限られた弟子に伝えられてきたのです。私の行が「強い」、よく効くというのは、父から呪詛の秘法を伝授されたこともあると感じています。

なぜ、そのような秘法を受け継いでいかなければならないのでしょうか。それは、呪詛をかけられた人を救うため、です。どのような呪いをかけられているのかを、どうすれば解くことができるのかを、行者は正しく知らねばなりません。毒薬と同じく、毒の性質を知らないと、解毒はできないのです。

ふつうの行をやっている行者や祈祷師では呪詛を解くことはできないのです。しっかり学んだ名医が病気の原因を正しく把握して、的確な治療をする力を持っているのと、同じことなのです。

「究極の危機にだけ使うように」と、父は固く申し渡しました。そのパワーの大きいことを教える戒めですが、もう一つは、人を呪えば必ず我が身に返ってくるという、宇宙の真理があるからです。

お大師さまは、時代を超えた宇宙の、生命の真理を以って、いまも私たちを救済してくださっているのです。

いま、壇上伽藍と奥の院を擁する聖地高野山は、千二百年の時を経て世界遺産となり、多くの外国人も訪れる祈りの場となっています。そして、高野山を訪れる人々は、霊気あふれる宗教都市で、癒しと救い、そして感動を受けています。

東寺もまた、お大師さまの思想をビジュアル化した曼荼羅の世界として、信仰する人やさまざまな分野の人々を惹きつけてやみません。

二十一世紀は、宇宙の研究や遺伝子レベルの解明が進んでいますが、近代科学だけで宇宙や生命の謎に行き着くことはできるのでしょうか。お大師さまが日本に伝えた密教正統の教えを正しく解いていくことによって、いつか人類はその「鍵」にたどり着くことができることになるだろうと思っています。

現代をお大師さまとともに生きる
恵観の「新 空海伝」

著　者　池口恵観
発行者　真船美保子
発行所　KKロングセラーズ
東京都新宿区高田馬場2-1-2　〒169-0075
電話（03）3204-5161(代)　振替 00120-7-145737
http://www.kklong.co.jp
印　刷　太陽印刷工業(株)　　製　本　(株)難波製本
落丁・乱丁はお取り替えいたします。
ISBN978-4-8454-2347-7　C0015
Printed in Japan 2015